PEINTURE FACILE

Épongé - stries - laque - pochoir - trompe-l'œil - tampon - frise...

PEINTURE FACILE

Épongé - stries - laque - pochoir - trompe-l'œil - tampon - frise...

Sacha Cohen

Sélection du Reader's Digest

PEINTURE FACILE
est l'adaptation française par Sélection du Reader's Digest de The practical encyclopedia of paint recipes paint effects & special finishes publiés par Lorenz books division du groupe
Anness Publishing Limited
Hermes House, 88-89 Blackfriars Road
London SE1 8HA

Conception : Isabel Gillan. Photos : Lucinda Symons (réalisations)
Rodney Forte (gestes) John Freeman (matériels et techniques)
Stylisme : Diana Civil

ÉDITION FRANCAISE
Réalisation : Les Cours - Caen
Traduction: Robert Pinto
PAO: Florence Genet et Virginie Lehodey

Sous la direction éditoriale de Sélection du Reader's Digest
Direction éditoriale : Gérard Chenuet
Responsable de l'ouvrage : Christine de Colombel
Lecture-correction : Alain Le Saux
Suivi technique : Olpan

ISBN 2-7098-1395-5

Achevé d'imprimer : janvier 2003
Dépôt légal en France : février 2003
Dépôt légal en Belgique : D-2003-0621-26

Sommaire

INTRODUCTION

Depuis quelques années, la peinture décorative connaît un engouement certain. Ce phénomène s'inscrit assurément en réaction au monde technologique impersonnel qui envahit notre quotidien. C'est une façon d'inventer notre style, d'exprimer notre individualité dans le huis clos de nos maisons.

Cet ouvrage propose l'exploration d'une large gamme de techniques pour vous aider à créer votre propre décoration. Il passe en revue divers effets qui sont une source d'inspiration, depuis le simple traitement en couleurs des murs jusqu'aux techniques de décoration des meubles et accessoires. Toutes les étapes sont décrites de manière explicite. Vous y trouverez des idées de projets à copier ou à interpréter selon vos souhaits.

CI-DESSUS : une simple boîte transformée grâce à un effet de faux bois sombre. La fougère noire est peinte à main levée.

CI-CONTRE : cette fresque romaine (Ier siècle), de la maison de Livie, à Rome, représente un mur vert sombre rehaussé de guirlandes de fleurs.

LA PEINTURE DÉCORATIVE

À l'âge de pierre, les hommes des cavernes se servaient déjà de peinture pour décorer leurs grottes. Ces tout premiers chasseurs utilisaient de simples pigments à base de terre pour couvrir les murs de scènes représentant des animaux sauvages.

Avec les premières civilisations, la peinture murale est devenue plus sophistiquée, reflétant les grandes avancées de l'humanité. Les Égyptiens tapissaient les murs de leurs temples et de leurs tombes de scènes de la vie quotidienne, ils décoraient leur mobilier et leurs monuments dans les moindres détails. Ils se servaient d'une variété de pigments extraordinaire, dont un bleu d'azur confectionné semble-t-il à partir de lapis-lazuli broyé.

Sur l'île de Crète, on a découvert dans le palais minoen de Cnossos des fresques datant de 1600 avant J.-C. Elles sont d'une surprenante modernité. Beaucoup d'entre elles représentent la vie aquatique et les plantes marines des environs de l'île. Ces fresques sont si stylisées qu'elles semblent presque abstraites. La poterie mycénienne, qui date à peu près de la même époque, est décorée aussi de formes naturalistes stylisées telles que rayures et bandes.

Dix siècles plus tard, à Athènes, le Parthénon fut peint d'une multitude de couleurs brillantes, ce qui de nos jours semble incroyable quand on contemple ce temple en marbre blanc, étincelant sous le soleil, au sommet de l'Acropole. La poterie grecque est enrichie de décorations peintes et gravées, avec des frises (grecques) géométriques toujours en usage de nos jours. Les croix grecques rappellent immédiatement l'aspect classique de tout élément ou surface qu'elles rehaussent.

Ce sont les Romains qui ont inventé ce que nous appelons aujourd'hui la peinture murale. Forts de la constante expansion de leur empire, ils furent en mesure d'obtenir sans cesse de nouveaux pigments et purent ainsi accroître la gamme de couleurs de leurs peintures.

CI-DESSOUS : ce bison peint sur les murs de la grotte d'Altamira, en Espagne, remonte au paléolithique.

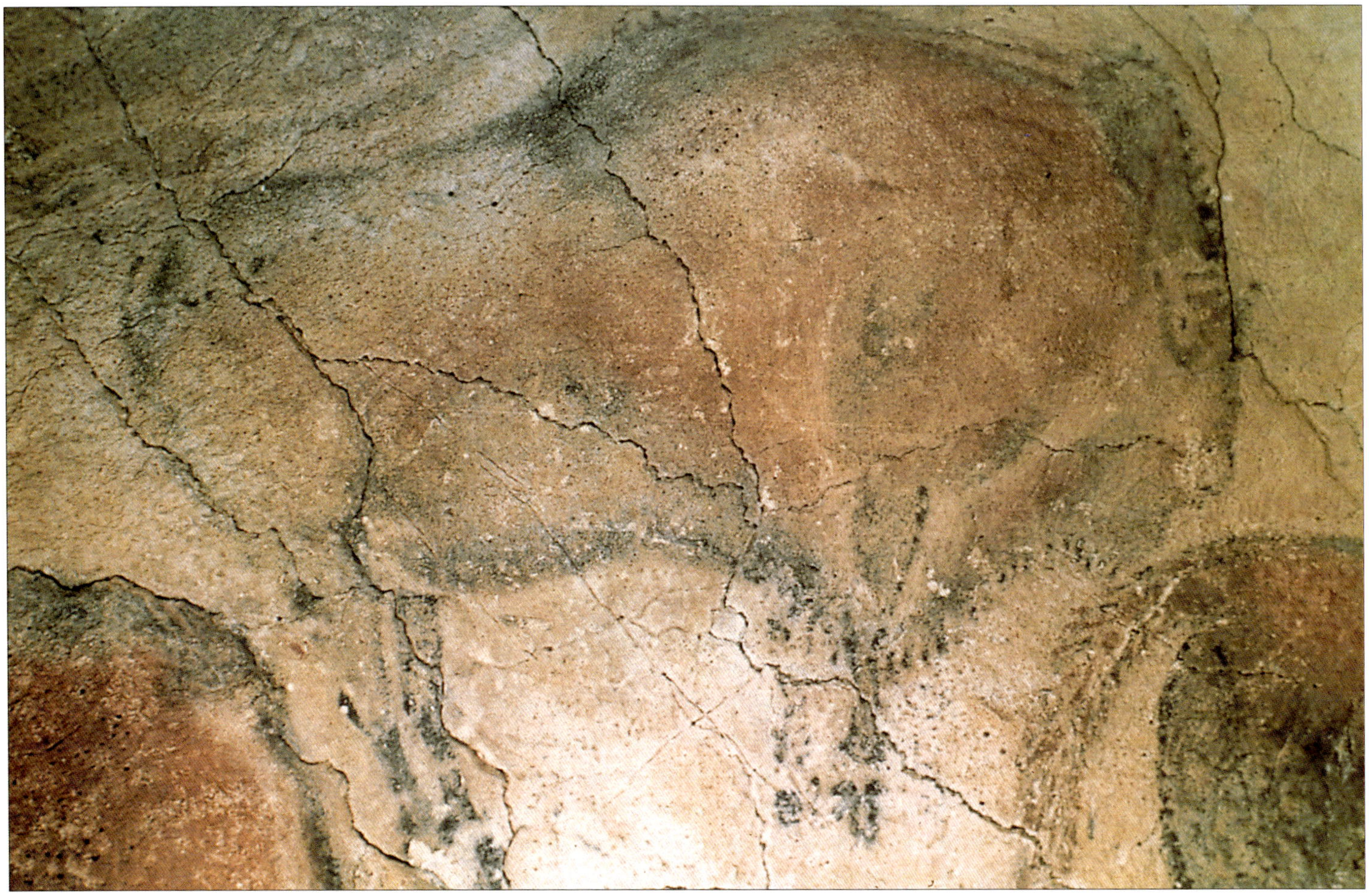

Ci-dessus : la salle du trône du palais minoen de Cnossos, en Crète, date du XVIe siècle avant notre ère. La fresque représente un griffon et des plantes. Elle est peinte avec des pigments de terre rouge et rehaussée d'une double frise blanche qui court autour de la pièce.

La ville de Pompéi est restée recouverte de cendres du Vésuve durant des siècles, ce qui a gardé intactes les couleurs des peintures originales. Les murs intérieurs de ces maisons du Ier siècle étaient recouverts de fresques représentant, souvent grandeur nature, des personnages et une multitude d'activités et de thèmes mythologiques en rapport avec le boire et le manger. Les décorations murales reflétaient le statut social et la richesse de leur propriétaire ; les Romains mettaient ainsi en valeur leurs villas grâce à une créativité ingénieuse. Ils devinrent les maîtres incontestés de l'art du faux, agrandissant et manipulant l'espace intérieur des pièces par des détails architecturaux réalistes, comme les marbrures et les veinures, entièrement peints en trompe-l'œil.

La tradition de la fresque connut son apogée des siècles plus tard grâce aux peintures religieuses de la Renaissance, lorsque les artistes firent renaître les règles et postures des Grecs et des Romains classiques. En matière de décoration d'intérieur, le summum de l'art et du savoir-faire fut atteint à la fois par Léonard de Vinci et par Michel-Ange. *La Cène,* de Vinci, dans le réfectoire du couvent de Santa Maria delle Grazie, à Milan, est une fresque monumentale représentant une immense salle qui donne, en arrière-plan, sur un paysage, alors que le plafond de la Chapelle Sixtine, au Vatican, peint par Michel-Ange compte parmi les œuvres majeures de l'art occidental.

À la même époque, la qualité des peintures s'est améliorée, de nouvelles possibilités se sont offertes aux artistes et aux artisans grâce aux liants à base d'huile. Les peintures à l'huile prenaient plus de temps à sécher et ouvraient le champ à de nouvelles expérimentations. Elles permettaient aux artistes de libérer leurs œuvres des supports muraux, ce qui entraîna le déclin de l'art de la fresque. Pendant ce temps, les techniques se développaient et il devint essentiel pour les artistes de savoir reproduire avec précision les textures des surfaces et des étoffes, de rendre correctement les perspectives. Le commerce avec l'Orient permit la découverte de nouvelles couleurs et pigments.

La peinture des plafonds en trompe-l'œil se poursuivit durant tout le XVIIIe siècle et, avec le retour au néoclassicisme en architecture, on utilisa de nouveaux effets picturaux sur les murs. Les proportions prirent de l'importance et les pièces furent divisées par des boiseries et des détails ornementaux. En Europe, on voyagea de plus en plus ; idées et couleurs circulèrent et s'échangèrent. On utilisa les effets de faux pour marbrer des colonnes et pour décorer, avec des bois rares et de l'écaille de tortue, mobilier et accessoires afin d'afficher sa richesse. On superposa de fines couches de peinture (glacis) et de vernis pour obtenir une profondeur de couleur.

Au XIXe siècle on inventa les teintures à base d'aniline. D'où l'apparition de nouveaux pigments, éclatants, beaucoup moins chers que ceux à base de terre. Même s'il resta l'apanage d'artisans spécialisés, l'art des effets picturaux se démocratisa. Théâtres et cafés furent décorés, pour ne pas dire surchargés de faux marbre, de faux bois précieux, de motifs ornementaux et de dorures.

Dans les années 1930, avec l'apparition du style Art déco, les effets picturaux s'épurèrent. Les techniques de peignage et de granité prirent plus d'importance, alors que la palette de couleurs se simplifia. Dans les années qui suivirent, la pose des papiers peints à l'ancienne revint aux artisans spécialisés et la mode passa aux surfaces unies. Les peintures mates, satinées et brillantes permirent de jouer avec la lumière.

Alors qu'en ville et dans les intérieurs bourgeois on rivalisait d'imagination et de raffinement pour copier et imiter les matériaux les plus luxueux, à la campagne on en restait bien souvent aux techniques de peinture traditionnelles de base, non sans produire des effets décoratifs comme on l'avait toujours fait. Notre époque est à un retour à ce mode de vie simple et dépouillé. L'emploi de peintures naturelles aux nuances délicates autorise la création d'intérieurs confortables bien mieux que les décors sophistiqués et factices.

L'utilisation de couleurs vives en Europe centrale et en Scandinavie est une façon de lutter contre la monotonie des hivers blancs et froids ; ces couleurs servaient à peindre des motifs simples aujourd'hui considérés comme traditionnels et qui se sont transmis de génération en génération. Aux États-Unis, l'esprit novateur des premiers colons les poussa à développer des peintures à main levée, influencées par leurs divers pays d'origine ; d'où l'apparition d'un style original aux composantes multiples. Ils se servaient de peintures à base de lait (caséine), aux couleurs sourdes, pour décorer murs, mobilier et accessoires comme ces boîtes en bois tapissées de dessins naturalistes, fluides, destinés autant à décorer qu'à protéger le bois.

CI-CONTRE : dans la villa Barbaro, à Maser (Italie) cette fresque du XVIe siècle représente un jardin en trompe-l'œil.

Ci-dessus : la technique du dessin en creux était autrefois, très en vogue dans les campagnes françaises. Ici, de fines rayures, incisées avec une pointe et peintes en brun foncé, font un motif sur un mur crème.

Ci-dessous : le carrelage de cette salle de bains, astucieusement monté en losange, est décoré d'un motif à fleur de lis estampillé.

Pour bien des gens de la campagne, la texture faisait partie intégrante de la décoration. En France, on s'est servi de la technique du trait en creux. C'est une méthode qui consiste à graver un dessin dans du plâtre humide et qui permet de créer nombre d'effets, que ce soit des dessins géométriques ou des motifs disposés au hasard.

L'intérêt actuel pour la décoration traditionnelle s'accommode parfaitement du respect des matières naturelles. Ainsi, le faux bois, le faux marbre et quantité d'autres effets, telle la dorure, sont-ils de nouveau en vogue. Comme nous essayons de nous raccrocher à notre passé, des effets tels que la patine et le rechampissage sont redevenus à la mode, notamment en les appliquant à des matériaux comme le bronze et le cuivre vert-de-grisés.

Les décorateurs ont aujourd'hui une large palette de peintures à leur disposition. La création de peintures synthétiques permet d'obtenir n'importe quelle couleur. Nous disposons aussi d'un choix important d'apprêts pour produire des effets variés et couvrir tous les types de surfaces. Il existe des peintures à séchage rapide grâce auxquelles on peut achever la décoration d'une pièce en quelques heures. Le matériel s'est aussi amélioré, avec les brosses souples et de nouveaux solvants pour les nettoyer facilement. Il existe une gamme étendue de brosses et de pinceaux spécifiques, adaptés à différentes techniques qui permettent d'atteindre le moindre recoin.

La peinture est le moyen le plus simple pour transformer une maison ; une multitude de couleurs et de textures autorisent une infinie variété de styles et de décors. On peut aussi bien créer une scène historique que laisser vagabonder son imagination dans la science-fiction. Des styles de peintures de toutes époques et de toutes origines sont maintenant mis au goût du jour. Les fabricants produisent sans cesse de nouvelles peintures aux effets les plus variés.

Beaucoup prennent plaisir à redonner une nouvelle jeunesse à ce vieux meuble par un simple coup de peinture. C'est souvent une façon peu onéreuse d'apporter une touche personnelle à son intérieur. Les vide-greniers, les brocantes, les marchés aux puces constituent une mine inépuisable d'objets ne demandant qu'à revivre. Le plus souvent, il n'est guère difficile de les réparer et de les repeindre pour leur offrir cette nouvelle vie pour une somme dérisoire si on la compare au prix du neuf. Même les objets en plastique, comme des bols et des bacs, peuvent être peints et prendre ainsi l'aspect d'objets en métaux précieux.

L'utilisation de couleurs et de finitions naturelles connaît un succès croissant. Si vous ne pouvez vous offrir des panneaux en bois ou un nouveau parquet, il est aujourd'hui très facile de repeindre les anciens avec, de surcroît, l'atout de l'originalité et la possibilité de renouveler l'expérience autant de fois que vous le voudrez.

Nos modes de vie et la décoration de nos maisons sont très influencés par nos voyages. Les couleurs tranchées, brillantes du bassin méditerranéen, les rouges et les bruns flamboyants d'Afrique peuvent créer un décor exotique aux effets relaxants. Notez simplement que vous devrez toujours éclaircir ces tons sous les climats qui ne bénéficient pas de la lumière crue de ces régions ensoleillées. Si vous utilisez des couleurs et des motifs exotiques, n'oubliez pas les textures qui vont avec. Associez les couleurs aux matériaux : le violet et un faux bois brun foncé, par exemple, se marient très bien et créent un aspect luxueux.

Le monde de la décoration est sans limites. Avec les peintures, vous pouvez créer tout ce que vous voulez. Mais, avant de vous mettre au travail, ne négligez pas la préparation, condition essentielle de votre réussite.

CI-DESSOUS : carrelage peint aux couleurs naturelles de la terre : gris-bleu et ocre brun. Le carrelage en losanges intègre un effet peigné.

STANLEY

POUR BIEN COMMENCER

Pour réussir la peinture décorative, il faut posséder les bons outils et travailler sur de bons matériaux. Une très bonne technique vous permettra d'obtenir des effets décoratifs étonnants avec un équipement classique de brosses, rouleaux, éponges et pinceaux ; pour certains effets, en revanche, il vous faudra un matériel spécifique. Vous le trouverez dans les boutiques spécialisées dans la décoration et les arts graphiques. N'hésitez pas à y demander conseil pour l'utilisation de chacun de ces outils.

Choisissez du matériel de qualité. Assurez-vous que ce que vous avez acheté correspond bien au travail projeté. Suivez attentivement le déroulement des opérations pas à pas et avant de commencer, vérifiez que vous avez bien tout ce qu'il faut.

Ci-dessus : sélection de pigments et de colorants qui peuvent être mélangés à de l'eau pour obtenir des couleurs et textures uniques.

Ci-contre : il existe une brosse ou un pinceau destiné à chaque effet, mais il n'est pas toujours nécessaire de se servir de brosses spéciales.

ÉQUIPEMENT DE BASE

Voici les matériels indispensables pour commencer à travailler. Vous pourrez compléter l'équipement décrit ci-dessous au fur et à mesure que vous aborderez des effets particuliers.

- Un solide escabeau permettant d'atteindre facilement le haut des murs et le plafond.
- Une housse (ou une bâche) pour protéger le parquet, le mobilier et les objets précieux. Les bâches en coton sont réutilisables et préférables à celles en matière plastique.
- Des tournevis plats et cruciformes seront parfois nécessaires pour démonter les ferrures des portes ou les attaches murales. Ils sont aussi utiles pour soulever le couvercle des pots de peinture.
- Pour la peinture générale, les bordures, les menuiseries, servez-vous de brosses plates. Les plus usitées mesurent 5 et 2,5 cm de large. Des brosses rondes plus fines seront nécessaires pour atteindre les anfractuosités et les renfoncements. Préférez les pinceaux ronds en poils de martre à rechampir (pointus).
- Bouchez les fentes et éraflures avec un reboucheur (enduit ou pâte à bois) et un couteau à enduire ou une petite truelle langue de chat flexible, puis passez au papier de verre pour lisser.
- Utilisez un petit pot dans lequel vous verserez une petite quantité de peinture ; il sera plus léger à tenir et, en cas d'accident, les dégâts seront limités.
- Servez-vous de papier de verre pour poncer les surfaces des menuiseries avant traitement. Il est conseillé d'enrouler le papier de verre sur une cale en bois ou en liège pour une bonne finition.
- Après ponçage et avant de peindre, passez un coup de brosse ou de chiffon pour éliminer la poussière et la sciure incrustées dans les anfractuosités.

CI-DESSOUS : étalez une bâche pour protéger le parquet.

BROSSES

Il existe une multitude de brosses adaptées à chaque technique. Pour le pochoir, il est plus facile de se servir d'une brosse prévue à cet effet, dont les soies sont courtes et dures pour peindre en moucheté. La brosse doit aussi retenir juste ce qu'il faut de peinture, avoir une taille qui convienne à la surface à couvrir, et être de bonne qualité. Les brosses à soies et poils naturels sont les meilleures, mais les synthétiques, moins chères, donnent aussi de bons résultats.

Une brosse neuve doit être d'abord lavée à l'eau tiède et au liquide vaisselle. Après séchage, retroussez ses poils plusieurs fois avec le pouce pour l'assouplir.

Nettoyez les brosses avec soin après chaque utilisation. Si vous utilisez de la peinture à l'huile et du vernis, plongez un tiers des soies dans la peinture (jamais jusqu'à la virole) et éliminez l'excès en essorant les soies contre le bord du pot. Ne laissez jamais plus de dix minutes une brosse chargée de peinture sans l'utiliser sinon elle séchera. Essuyez d'abord la peinture avec un torchon, puis rincez abondamment au white-spirit ou avec un solvant non toxique (pour la peinture à l'huile ou glycérophtalique). Lavez plusieurs fois la brosse avec un liquide vaisselle, jusqu'à ce qu'elle soit propre. Rincez, égouttez et redonnez forme à la brosse. Pour la peinture à l'eau (vinylique ou acrylique), passez la brosse à l'eau tiède avec un peu de lessive, séchez et lissez les soies.

- Utilisez une brosse à bout carré pour créer des effets de grain du bois. Ces brosses existent en différentes tailles et avec des soies à bout pointu ou bombé.

- Le blaireau à soies souples et bout rond. Les grandes brosses servent à adoucir les finitions et les premières couches de faux. Les plus petites servent à des travaux plus délicats. Les meilleures, en vrais poils de blaireau, sont hélas chères. Sinon vous pouvez aussi utiliser une grande brosse de fard à joues, moins chère et aussi bonne.

- Le spalter sert à tirer les glacis et à imiter le grain du bois. Ce genre de brosse existe en 5 et 7,5 cm de large. On peut le remplacer par une brosse plate très large.

- La tapette existe en différentes tailles. La qualité et la longueur des soies sont diverses ; il vaut mieux choisir une brosse qui ait les soies les plus longues. Elle est utile pour tous les travaux de base et de vernissage.

- Ce genre de brosse à dents est une sorte de spatler composé de touffes de soies plates alignées, fixées à une poignée en bois. Elle sert à faire des stries, des points pour les mouchetés. Vous pouvez la remplacer par une brosse à maroufler le papier peint.

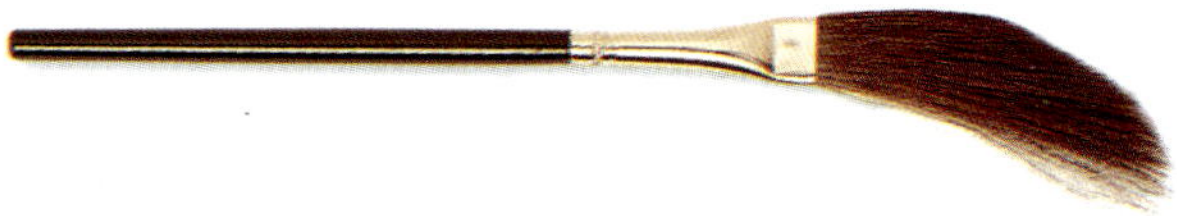

- Les pinceaux à poils longs ou pinceaux à lettres servent à réaliser le faux marbre. Les soies du pinceau ci-dessus sont en forme de sabre.

ROULEAUX ET ÉPONGES

Pour la décoration, on se sert de divers types de rouleaux. On les choisira en fonction des surfaçages désirés. Il existe des rouleaux conçus pour appliquer des motifs particuliers. Le rouleau de radiateur, à long manche, est fait pour atteindre les endroits difficiles. Pour l'estampage, vous pourrez, par exemple, utiliser des minirouleaux. Pour obtenir une surface peinte régulière, unie et des bords nets, prenez des tampons laqueurs, à poils ras en mohair synthétique et sous-couche en mousse.

Un assortiment d'éponges naturelles et synthétiques pour les différentes techniques de décoration est nécessaire, ainsi que des chiffons non pelucheux. Faites des essais, car chacun de ces accessoires a sa propre empreinte.

- Les minirouleaux sont en mousse dense ou en poils. De plusieurs tailles, ils servent à peindre des bandes étroites ou à appliquer une couche légère.
- Les rouleaux de peintre existent en deux largeurs : 18 et 23 cm. Ils sont en mousse ou à poils longs. Ils sont utilisés pour couvrir des surfaces brutes ou obtenir des reliefs structurés.
- Les rouleaux en peau de mouton servent à passer rapidement une couche de peinture unie.
- Les rouleaux en mousse peuvent remplacer ceux en peau de mouton. Ils sont moins chers.
- Les éponges naturelles sont utilisées pour tamponner. Elles laissent des marques moins visibles que les éponges synthétiques. Utilisez-les donc pour des effets très denses et très fins et pour les marbrures.
- Une vraie peau de chamois sera roulée en boule pour un travail au chiffon. Pour un essuyé, vous pouvez utiliser un tampon fait de bandelettes de peau chamois liées entre elles.

CI-DESSOUS : dans le sens des aiguilles d'une montre, en commençant en haut à gauche : éponge naturelle, chiffon, éponge structurée, éponge synthétique, tampons, minirouleau, petite éponge carrée, rouleau pour peinture brillante, rouleau en laine, peau de chamois en bandelettes.

À DROITE : dans le sens des aiguilles d'une montre : niveau à bulles, grande règle plate, papier de verre dans sa cale, deux peignes, fil à plomb, mètre ruban, roulette à faux bois, éponge à ponçage, cutter, crayon, papiers de verre (en bas).

CI-DESSOUS : peignes triangulaire et à dents progressives.

OUTILS SPÉCIAUX

Il existe plein d'autres outils dont vous aurez peut-être besoin. Avant de démarrer, pour prendre des mesures précises, il vous faut un mètre ruban et un crayon, un niveau à bulles, une grande règle plate. Un fil à plomb, constitué d'un petit poids fixé à une fine cordelette, permet le tracé des verticales. Le ruban de masquage est utile pour obtenir des bordures droites et protéger interrupteurs et prises.

Quelques outils sont nécessaires à certaines techniques spécifiques. Des peignes en caoutchouc de formes différentes donneront une grande variété de grains de bois. Une roulette à faux bois vous aidera à reproduire les caractéristiques des veinages de certains bois avec un plus grand réalisme. Pour la dorure, un tampon à dorure constitue un bon investissement : il est composé d'un tampon en coton enroulé dans un écran parcheminé pour protéger les feuilles d'or contre les courants d'air. Un cutter à réserve de lames dans la poignée permet de remplacer le tranchant quand il est émoussé. Certains ont une lame rétractable que l'on brise pour supprimer la partie émoussée. Attention à ne pas vous blesser ! Ne laissez jamais le cutter à la portée d'un enfant ou d'un animal de compagnie. Protégez le bout de lame avec son capuchon, sinon avec un morceau de liège. On utilise les cutters pour découper les pochoirs et les estampes.

CI-DESSUS : ce cutter léger possède une lame rétractable. Il suffit d'en casser le bout pour en obtenir une nouvelle.

Disposez toujours de quelques feuilles de papiers de verre de différents grains, ainsi que d'une cale en bois ou en liège. Une ponceuse électrique permet de gagner du temps quand la surface à poncer est importante. Pour le parquet, vous pouvez louer une ponceuse à bande.

PEINTURES

Les peintures sont conçues pour s'adapter à différentes surfaces et aux différents effets recherchés ; il est donc primordial de choisir une peinture compatible avec le support. Les techniques et projets développés dans cet ouvrage proposent celle qui paraît la plus facile et la plus efficace à utiliser en fonction de l'effet désiré.

Les peintures classiques sont soit à base d'eau (phase aqueuse), soit à base d'huile. Elles se présentent sous trois types de finition : mate, satinée et brillante. La plupart des effets muraux sont obtenus aujourd'hui avec des émulsions (vinyle) à base d'eau faciles à appliquer avec des brosses, des rouleaux, des éponges et des chiffons. Elles forment une bonne base et se mélangent bien. On peut en appliquer plusieurs couches. Vous pouvez aussi mélanger les émulsions à base d'eau avec des peintures acryliques pour obtenir les couleurs désirées.

Les couleurs des peintures à l'huile d'artistes servent très souvent à l'art du faux. Les riches pigments qu'elles contiennent reproduisent les couleurs des diverses sortes de bois, marbre et autres surfaces naturelles. Les peintures à l'huile sont plus longues à sécher – ce peut être un avantage si vous avez besoin d'affiner l'effet recherché. Elles donnent un fini durable, mais sont plus difficiles à travailler que les peintures à l'eau. Pour les effets métalliques réussis, utilisez de préférence des peintures laquées.

Dans la plupart des cas, vous gagnerez à appliquer un primaire d'accrochage qui fournit une base solide pour la peinture de finition. Cette couche est indispensable sur une surface poreuse ou sur le bois brut. Lisez attentivement les informations inscrites sur le pot pour vous assurer que vous avez choisi le primaire d'accrochage adapté à la surface à travailler. Le primaire protège la surface et offre une base lisse à la couche de finition.

Ci-dessous : les peintures à usage domestique sont aujourd'hui disponibles dans une gamme attrayante de couleurs.

PEINTURES À USAGE DOMESTIQUE

Elles sont vendues dans une vaste gamme de finitions : du mat au brillant, en passant par une variété de peintures satinées. Les magasins de bricolage proposent un grand choix de coloris. Elles sont présentées en pots de différentes tailles. N'oubliez pas de bien lire les informations inscrites sur les pots afin de vous assurer que la peinture choisie convient à la surface à travailler. Lorsque vous diluez votre peinture, assurez-vous que le diluant est approprié.

Peintures domestiques	Base	Diluant	Usage	Remarques
Vinylique mate	eau	eau, colle à papier peint, glacis acrylique, vernis acrylique ; se nettoie à l'eau	murs, grand choix de couleurs, fini mat	sèche vite, à vernir sur mobilier, se tache
Acrylique mate	eau	*idem*	*idem* satiné léger	sèche vite, plus dure à couvrir que la mate, à vernir sur mobilier
Acrylique satinée	eau	*idem*	cuisine et salle de bains, satin moyen	sèche vite, résiste à l'humidité, à vernir sur mobilier
Huile mate	huile	huile de lin, white-spirit, (essence minérale), glacis, vernis huile	menuiserie, fini mat/velouté	se tache, pas durable
Glycérophtalique mate (peinture alkyde)	huile	white-spirit (essence minérale)	menuiserie, satiné léger, mobilier	plus résistante que ci-dessus, mais se tache
Glycérophtalique satinée (peinture alkyde)	huile	white-spirit (essence minérale)	menuiserie, satin moyen, mobilier	durable, lavable
Glycérophtalique brillante (peinture alkyde)	huile	white-spirit (essence minérale)	menuiserie, très satinée, extérieur mobilier	résistante, très couvrante, lavable
Primaire	huile	selon le type de peinture	bois brut	nécessaire pour bois et surfaces poreuses
Sous-couche	huile	selon le type de peinture	entre primaire et couche supérieure	protège finition, choisir la bonne couleur
Façade	eau	selon le type de peinture	extérieur	couleurs limitées, à appliquer au rouleau
Parquet	huile	selon le type de peinture	domestique ou industriel	résistante, durable, à appliquer au rouleau

PEINTURES MODERNES

Les avancées technologiques ont élargi les possibilités créatives de la décoration intérieure ; de nouvelles peintures sont régulièrement mises sur le marché. La création et la fabrication de pigments synthétiques ont abouti à la production de peintures aux couleurs plus durables, aux résultats plus prévisibles. Les progrès enregistrés dans la composition ont permis d'obtenir des peintures plus faciles à appliquer, plus couvrantes, et qui sèchent plus rapidement. Elles sont vendues sous différentes formes, en pots, en bombes, en crèmes ne gouttant pas, monocouches ou bicouches.

Bon nombre des techniques décrites dans cet ouvrage peuvent être appliquées à d'autres surfaces que les murs et le bois. Il existe aujourd'hui beaucoup de peintures « techniques » conçues pour différents usages et matériaux, comme le verre, les tissus et les métaux. Elles exigent parfois une mise en œuvre spécifique, mais cela vaut la peine de les essayer. Les peintures au pochoir doivent être utilisées avec des brosses conçues à cet effet ; elles sont présentées dans des petits pots ou en bâtonnets, ce qui est plus facile pour les mélanges.

Les peintures latex (mot générique désignant une peinture aussi bien acrylique que vinylique) et les laques servent à divers usages. L'eau est la base des peintures latex : elles peuvent donc être mélangées à d'autres peintures à l'eau ou bien utilisées seules pour peindre des motifs décoratifs et de fleurs. Les laques sont à base d'huile ; elles conviennent aux surfaces métalliques et à celles qui requièrent un fini résistant insensible à l'eau (cuisines, salles de bains, menuiseries extérieures, etc.). Peintures laquées et acryliques sont lavables ; elles sont disponibles dans une large gamme de couleurs, y compris des métalliques.

CI-DESSOUS : sélection de diverses peintures de couleur, dont les aquarelles, les peintures au pochoir et les acryliques.

PEINTURES TRADITIONNELLES

La grande vogue de la restauration de vieux bâtiments a entraîné le renouveau des peintures traditionnelles à base d'ingrédients naturels. Différentes techniques permettent de créer un effet vieilli ; la patine et la douceur de ces peintures sont alors idéales. La plupart sont à base de terre, ce qui ne les empêche pas de donner des couleurs brillantes, sans l'effet criard de certaines peintures modernes. Elles conviennent aux techniques de vieillissement.

Les peintures traditionnelles contiennent des additifs naturels qui leur donnent un fini particulier. Les pigments servent à colorer la peinture. La chaux donne une surface poudreuse. Si vous voulez obtenir une surface peinte bien lisse, appliquez un enduit au plâtre préparé avec une colle à base de peau de lapin. Le glacis est un médium transparent à base d'huile de lin et autres fibres, de blanc d'Espagne et de siccatifs ; il peut être mélangé à des pigments pour obtenir différentes épaisseurs de glacis teinté. Les peintures à base de lait (caséine) étaient fabriquées avec des dérivés du lait : elles donnent des surfaces mates et denses.

À DROITE : cette palette de peintures traditionnelles montre la variété de nuances obtenues à partir de pigments naturels.

Peintures traditionnelles	Base	Diluant	Usage	Remarques
Caséine	eau	eau	fond de mur grandes surfaces	surface dense, mate
Détrempe (tempera)	poudre	eau et colle	menuiserie mobilier	pour imiter l'ancien
Chaux	eau	*idem*	*idem*	surface poudreuse
Badigeon	eau	*idem*	*idem*	effets de vieillissement
Enduit au plâtre	poudre	colle à papier peint	en couches pour lissage, avant dorure ou marbrure	gros travaux
Peinture en poudre	poudre	n'importe lequel	teindre tout	peut être sableuse
Crème dorée	huile	vernis à l'huile white-spirit (essence minérale)	dorure facile	couleurs métalliques

LIANTS ET DILUANTS

Pour adhérer à la surface, les pigments ont besoin d'un liant. Il existe d'autres liants que ceux intégrés à la composition de la peinture ; vous pouvez les y ajouter pour modifier sa consistance et sa texture. Diluants et solvants sont incorporés à la peinture pour la diluer et retarder son temps de séchage. Les glacis retardent aussi le séchage : les produits modernes comme les glacis à base d'acrylique peuvent remplacer les glacis à base d'huile pour rendre plus facile l'application de la peinture.

Il existe de nombreux médiums pour glacis, comme la pâte à papier peint, l'huile de lin, la colle blanche et les siccatifs qui changent la nature de la peinture. Les solvants tels que le white-spirit servent aussi à nettoyer brosses et pinceaux. Vérifiez que le diluant ou le solvant utilisé, convient à la peinture employée.

À DROITE : sélection de colles et de solvants, dont la colle à bois, la colle blanche, de la colle en bombe et de la colle caoutchouc.

Liants et solvants	Base	Diluant	Usage	Remarques
Colle blanche	eau	eau	liant pour émulsion (latex) lavables	rend le mélange plus durable
White-spirit (essence minérale)	huile		liquéfiant, nettoie les brosses	à acheter en quantité
Huile de lin	huile		médium pour poudre	sèche lentement
Siccatifs			ajoutez à la peinture à l'huile pour activer le séchage	
Colle à papier peint	eau	eau	dilue les émulsions (latex)	retarde un peu le séchage
Glacis acrylique	eau	eau	*idem*	retarde le séchage
Glacis à l'huile	huile	white-spirit (essence minérale)	médium pour suspension des pigments de couleur	difficulté à teindre à la bonne quantité
Alcool méthylique	huile		ramollit l'émulsion sèche	
Essence de térébenthine	huile		liquéfiant, nettoie les brosses	

Vernis	Base	Diluant	Usage	Remarques
Polyuréthane base huile	huile	térébenthine	puissant vernis dans une gamme de finitions	solide, durable, séchage lent
Polyuréthane (aérosol)	huile		finition mate	
Acrylique	eau	eau	gamme de finitions	non durable
Acrylique (aérosol)	eau		finition mate	
Vernis teinté	huile acrylique	térébenthine eau	pour bois nu, peinture à l'ancienne. Gamme de couleurs	séchage lent séchage rapide
Glacis craquelé	eau	ne pas diluer	médium produisant une couche supérieure craquelée sur une base contrastée	taille des craquelures variables
Enduit à dorer	huile	ne pas diluer	adhésif pour feuilles d'or	séchage très rapide
Gomme-laque	eau	méthyle liquide	bouchage du bois nu	sèche rapidement

VERNIS

Les vernis peuvent servir à protéger une peinture fragile, préservant ainsi votre décoration. Il existe des vernis pour l'intérieur et l'extérieur, disponibles en finitions mate, satinée ou brillante. Les vernis modernes sont acryliques ou polyuréthanes ; certains permettent d'obtenir une surface de protection craquelée, idéale pour donner un effet de vieillissement ou une imitation de l'ancien.

Les vernis sont vendus sous forme liquide ou en aérosols. Le vernis brillant crée un fini luisant, le mat a un aspect plus terne. Vérifiez, à l'achat, s'il s'agit d'un vernis pour l'intérieur ou pour l'extérieur. Il existe plusieurs sortes de vernis à craqueler : à vous de lire attentivement les notices informatives sur les pots.

Les poudres d'oxydes métalliques, souvent à base de bronze, sont proposées en différentes finitions métalliques ; elles sont employées sur une couche d'enduit à dorer. À la place des feuilles d'or, coûteuses, vous pouvez utiliser la feuille de métal hollandaise qui donne un bon effet.

À DROITE : pots de vernis sur fond de glacis craquelé.

ÉLIMINER LA PEINTURE

Au bout d'un certain nombre d'années, une surface a pu recevoir plusieurs couches de peinture. Ce n'est pas un problème quand il s'agit de murs et de plafonds, mais il en va autrement quand il s'agit de menuiseries et de ferronneries. Les moulures, en particulier celles qui décorent les boiseries, les encadrements de fenêtres, les panneaux de porte, finissent par s'empâter et leurs motifs deviennent imprécis. Par ailleurs, les parties articulées des portes et fenêtres, comme les charnières et les crémones, fonctionnent difficilement. La solution consiste à les débarrasser des couches successives de peinture.

La peinture doit également être décapée si elle est profondément écaillée ou si elle a été mal appliquée, laissant apparaître coulures et taches en surface. Mais dans ces cas, il est peu probable qu'une nouvelle couche de peinture fasse disparaître ces imperfections.

Vous pouvez éliminer les épaisses couches de vieille peinture à l'aide d'un décapant chimique sous forme de gel ou de liquide appliqué au pinceau sur la surface peinte. Attendez que les produits chimiques agissent sur la peinture, puis grattez-la avec un couteau de peintre. Rincez abondamment à l'eau claire. Comme ces décapants sont très puissants, lisez attentivement la notice qui les accompagne avant de les appliquer.

CI-DESSUS : cette vieille chaise à la peinture très dégradée peut facilement être décapée avec l'une des techniques évoquées ici, puis rénovée avec une peinture à effet.

Vous pouvez aussi enlever de vieilles couches de peinture avec un décapeur thermique électrique ou encore avec la flamme d'une lampe à souder munie d'une buse spéciale. Là encore, prenez toutes les précautions de sécurité et veillez à ne pas brûler le bois.

Utiliser un décapant liquide

1 Versez avec précaution un peu de décapant dans un vieux bocal en verre. Enfilez des gants de caoutchouc, appliquez le décapant sur les surfaces peintes. Laissez agir jusqu'à ce que la peinture commence à cloquer (respectez les instructions du fabricant).

2 Ôtez les couches de peinture à l'aide d'un couteau de peintre et d'un grattoir. Celui-ci vous permettra d'enlever la peinture dans les rainures et les moulures.

3 Rincez la surface décapée à l'eau ou au white-spirit, selon les indications du fabricant. Cela neutralisera l'action du produit chimique. Laissez bien sécher avant de repeindre.

Utiliser un décapeur thermique électrique

1 Déplacez le décapeur thermique sur la surface peinte pour que l'air chauffe et cloque la peinture régulièrement. Grattez la peinture.

2 Prenez soin de ne pas faire roussir le bois, en particulier quand vous travaillez sur des zones délicates, comme les moulures. Grattez la peinture qui est incrustée dans celles-ci.

3 Portez des gants de caoutchouc et enlevez toutes les particules dures de peinture en frottant le bois avec de la laine d'acier fine (000) trempée dans du white-spirit. Travaillez dans le sens du fil du bois.

4 Éliminez les particules de peinture situées dans les zones délicates des moulures avec un petit aspirateur portatif.

5 Poncez délicatement le bois pour le lisser. Éliminez la poussière avec un chiffon propre humecté de white-spirit.

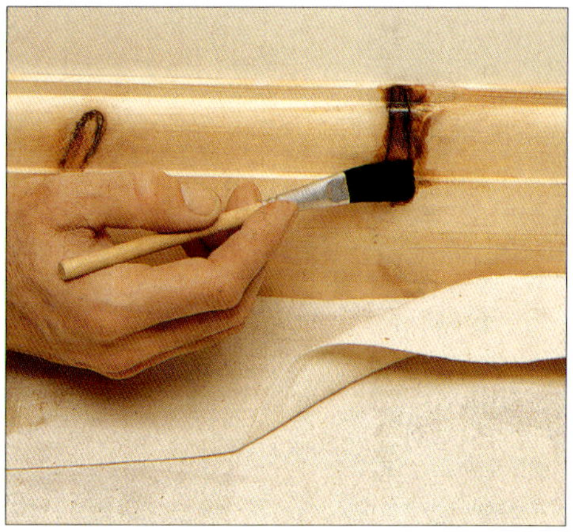

6 Enfin, bouchez les nœuds du bois pour que la résine ne s'écoule pas. Opérez en passant un bouche-pores liquide ou de la gomme-laque.

Utiliser de la pâte à décaper

1 Ces décapants sèchent lentement et sont adaptés aux moulures compliquées. Enfilez des gants de caoutchouc, appliquez une couche épaisse de décapant sur la menuiserie.

2 Laissez agir (respectez les instructions du fabricant). Les couches épaisses de peinture demanderont plus de temps. Décapez au grattoir, puis lavez abondamment la surface à l'eau.

PRÉPARATION DE LA SURFACE

C'est probablement le facteur le plus important pour réussir une décoration. Il est nécessaire que la surface soit propre et lisse. Ce genre de préparation peut paraître fastidieux, mais permet ensuite de gagner beaucoup de temps.

Lavez les murs avec une bonne lessive (type Saint-Marc), puis rincez à fond à l'eau claire. Travaillez toujours de haut en bas et non l'inverse. Enlevez au grattoir les écailles de peinture, rebouchez trous et fissures. Une fois que le mastic de rebouchage a durci, poncez la surface avec un papier de verre à grain fin. Opérez de la même façon pour le bois. Bouchez les trous dans les menuiseries avec de la pâte à bois. Si les nœuds ressortent à travers la peinture, poncez-les et appliquez de la gomme-laque pour éviter qu'ils se détachent. Après séchage, passez une primaire d'accrochage et une sous-couche pour égaliser au niveau de la surface de la menuiserie restante.

Si vous voulez repeindre un carrelage, lavez-le à l'eau savonneuse et séchez-le avec un chiffon non pelucheux. Comme les peintures classiques adhèrent mal sur ces surfaces lisses, il faut les dépolir ou utiliser une peinture spéciale.

Préparer une menuiserie sans la décaper

1 Poncez les surfaces planes avec du papier de verre à grain fin enroulé dans une cale pour la rendre à la fois plus lisse et mieux accrochante. Si la vieille peinture adhère bien au bois, vous pourrez la repeindre sans la décaper.

2 Lessivez la menuiserie avec de l'eau additionnée de détergent pour la dégraisser et la dépoussiérer. Rincez ensuite à fond à l'eau claire pour supprimer toute trace de détergent afin que la peinture adhère bien.

3 Humectez un chiffon propre avec du white-spirit pour éliminer la poussière incrustée dans les rainures et les recoins.

Combler les défauts du bois

1 Utilisez une pâte à bois ordinaire et une spatule pour boucher trous, fissures ou craquelures du bois qui doit être peint. Si vous voulez vernir le bois, utilisez une pâte à bois teintée dans la couleur de celui-ci.

2 Dans les coins, appliquez la pâte avec le doigt ou l'aile du couteau de peintre. Éliminez tout excès de pâte avant qu'elle ne durcisse.

3 Lorsqu'elle a durci, poncez-la pour qu'elle soit de niveau avec la surface du bois. La meilleure manière d'opérer consiste à enrouler du papier de verre à grain fin sur une cale en bois.

Préparer une surface brillante

1 Lavez le carrelage, le verre ou la porcelaine avec une eau savonneuse. Puis rincez à fond.

2 Essuyez avec un chiffon propre humecté d'alcool à brûler pour supprimer toute trace graisseuse.

Reboucher les fissures du plâtre

1 Enlevez tout le plâtre disjoint avec l'angle d'un couteau de peintre. Élargissez légèrement les bords des fissures pour obtenir un angle où le reboucheur puisse adhérer parfaitement.

2 Passez un vieux pinceau pour ôter les particules de plâtre et la poussière. Vous pouvez aussi vous servir du suceur d'un aspirateur.

3 Humidifiez le plâtre des fissures avec un vaporisateur pour que le mastic de rebouchage ne sèche pas trop vite sous l'effet de l'absorption du plâtre sec, ce qui provoquerait des fissures ultérieures.

4 Sur une planchette (ici, un morceau de plaque de plâtre), gâchez le mastic de rebouchage selon les indications du fabricant. Vous pouvez aussi utiliser un produit prêt à l'emploi.

5 Bouchez les fissures avec un couteau de peintre. Tirez la lame du couteau d'abord dans le sens de la fissure, puis en passes croisées. L'enduit devra déborder légèrement autour de la fissure.

6 Lorsque l'enduit a durci totalement, poncez-le pour qu'il soit de niveau avec la surface environnante. Utilisez un papier de verre à grain fin enroulé sur une cale en bois.

UTILISER BROSSES ET ROULEAUX

La peinture s'applique au rouleau, à la brosse ou au tampon laqueur. Les brosses existent dans une grande variété de largeurs ; choisissez celle qui est la mieux adaptée à la surface à couvrir. Une petite brosse ronde, par exemple, convient pour vernir des barreaux, alors que vous choisirez une brosse plate large ou un rouleau pour les surfaces importantes.

Si vous souhaitez réutiliser une brosse ayant déjà servi, mais qui n'a pas été conservée dans de bonnes conditions, commencez par bien la laver et par éliminer toute trace de l'ancienne peinture. Laissez-la sécher. Vérifiez que la virole tient solidement au manche, débarrassez-la des traces de rouille au papier de verre ou à la laine d'acier.

Les rouleaux conviennent pour les surfaces importantes. Choisissez le rouleau en fonction du type de surface à peindre et de la finition souhaitée. Il vous faudra une brosse pour peindre les coins que le rouleau ne pourra atteindre. Les tampons laqueurs appliquent un film de peinture très régulier et sont économiques.

Préparer la peinture

1 Éliminez d'abord la poussière sur le couvercle du pot. Soulevez délicatement ce dernier pour ne pas abîmer sa lèvre.

2 Versez une petite quantité de peinture dans un seau propre. Un récipient avec anse est plus facile à manier. Remettez en place le couvercle pour conserver le reste de la peinture.

3 Si le pot a déjà été ouvert, éliminez la peau qui s'est formée en surface, puis filtrez la peinture à travers de la gaze propre ou un vieux bas.

Manier une brosse

1 Si la brosse est toute neuve, supprimez d'abord les soies qui tiennent mal en la passant vigoureusement sur la paume de la main.

2 Une brosse petite ou moyenne se tient en posant les doigts sur un côté de la virole et le pouce sur l'autre.

3 En revanche, pour éviter de fatiguer le poignet, on tient une grande brosse par le manche.

Utiliser un rouleau

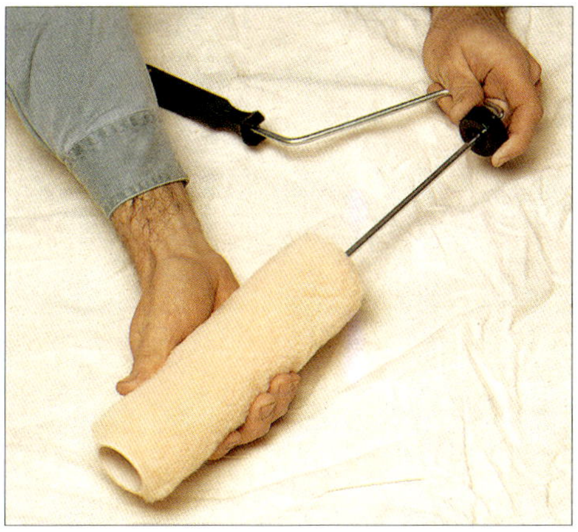

1 Choisissez le rouleau approprié et glissez-le dans la tige à ressort.

2 Versez la peinture de façon à remplir la partie creuse du bac du rouleau.

3 Peignez à la brosse les coins et les angles hors de portée du rouleau.

4 Chargez le rouleau de peinture en le roulant et passez-le sur la partie rainurée faisant office de grille.

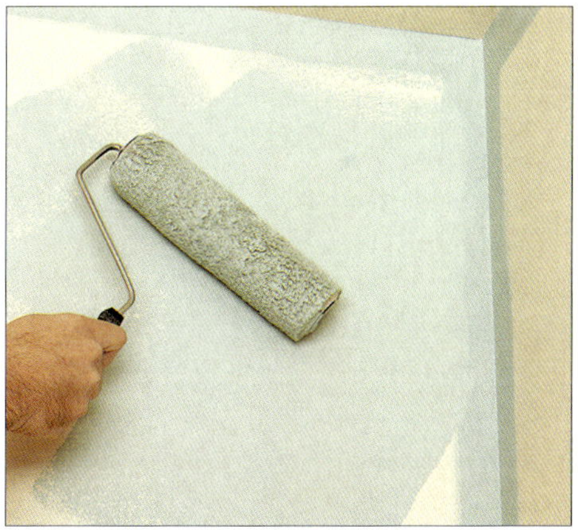

5 Appliquez la peinture par des passes croisées jusqu'à obtenir une surface homogène.

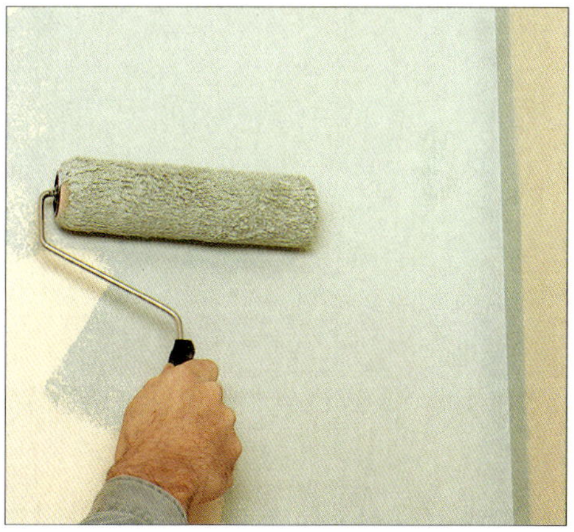

6 Passez une couche de finition très légère en travaillant cette fois en passes verticales et horizontales.

Peindre à la brosse

1 Ne plongez qu'un tiers des soies dans la peinture. Si vous chargez trop la brosse, la peinture coulera sur le manche ou gouttera.

2 Attachez un fil de fer ou une corde en travers du pot de peinture ou du seau pour y égoutter l'excès de peinture.

3 Étalez la peinture par de larges coups de brosses sans à-coups, toujours dans le fil du bois, jusqu'à épuisement de la peinture. Rechargez la brosse et passez à la partie suivante.

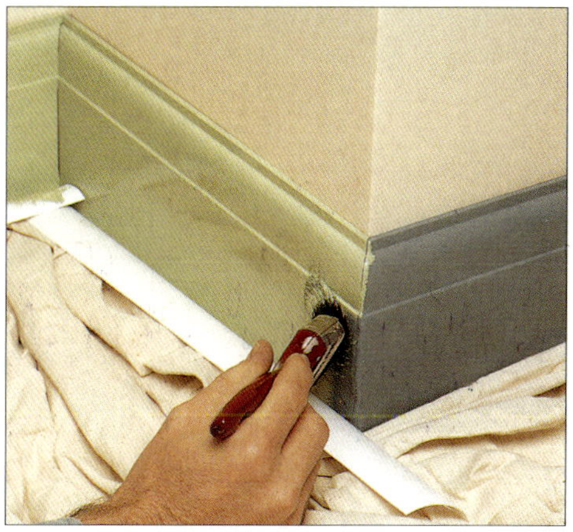

4 Fusionnez les deux parties par de petits coups de brosses légers. Peignez le bord et les coins en laissant courir la brosse et en répétant le processus sur le bord opposé.

LA COULEUR

La couleur peut avoir un impact important sur notre intérieur. Les couleurs que nous choisissons reflètent nos personnalités, nos styles de vie, nos voyages et nos passions. Elles établissent une atmosphère reposante ou stimulante, invitant à la méditation silencieuse ou à des réunions festives.

Nous vivons dans un monde coloré. Aujourd'hui, les teintures et couleurs synthétiques nous permettent de marier les couleurs d'une peinture avec un tissu ou d'autres matières. Une connaissance des effets visuels que produisent ces différentes couleurs est d'une grande importance pour le succès de vos projets décoratifs.

CI-DESSUS : les peintures aquarelle, acrylique et au pochoir permettent de produire des effets saisissants. À partir d'une palette de couleurs limitée, vous trouverez un grand plaisir à créer vos propres nuances en les mélangeant.

CI-CONTRE : la froideur ou l'éclat d'une couleur joue un rôle primordial sur l'apparence d'une pièce. Ici, des murs bleu pâle paraissent moins froids grâce aux couleurs orange et jaune chaud des autres éléments de la pièce.

VOCABULAIRE DE LA COULEUR

Avec quelques notions sur la théorie générale des couleurs, vous serez en mesure de les utiliser au mieux. Artistes, dessinateurs, décorateurs ont un vocabulaire précis pour décrire les couleurs et ce qui les différencie.

Le rouge, le jaune et le bleu sont des couleurs primaires. Elles ne peuvent être obtenues par combinaison d'autres pigments. Combiner deux couleurs primaires aboutit à la production d'une secondaire : le rouge et le jaune donnent l'orange, le jaune et le bleu donnent le vert, enfin le bleu et le rouge donnent le violet.

Le disque chromatique est le placement des couleurs primaires et des couleurs secondaires sur une roue. Les couleurs tertiaires sont produites par l'association d'une couleur primaire et d'une secondaire qui lui est proche sur ce disque. Par exemple, le rouge associé au violet produit le rouge violacé. Faites des expériences en créant votre propre disque chromatique ; mêlez des couleurs voisines pour obtenir une variété infinie de variantes.

CI-DESSUS : les couleurs qui sont immédiatement opposées sur le disque chromatique sont dites complémentaires. Ainsi le violet est-il le complémentaire du jaune, et le vert du rouge. Ces complémentaires se rehaussent l'une l'autre et font que chacune paraît plus intense. Ici, un vert est peint à côté d'une teinte de sa complémentaire rouge (rose). Les couleurs semblent briller l'une contre l'autre.

CI-DESSOUS : les teintes s'obtiennent par addition du blanc à une couleur et les nuances par adjonction de noir. Ces bandes pastel montrent des teintes de couleurs. Elles sont dans la même tonalité.

CI-DESSUS : les couleurs voisines sur le disque sont dites harmonieuses. Ayant des éléments en commun, elles sont proches et se marient bien. Ainsi, les échantillons de la couleur principale montrés ici fonctionnent bien avec les taches de couleurs sous eux.

CI-DESSOUS : les couleurs contrastées produisent des effets spectaculaires. Ce sont des couleurs qui n'ont aucun rapport mais qui ont un impact parce qu'étant de même tonalité. Les échantillons de la couleur principale sont bien assortis en intensité avec les taches de couleurs sous eux.

DENSITÉ DE LA COULEUR

Selon l'importance de la couleur dans une pièce et sa disposition, on obtiendra un effet spectaculaire ou délicat. Sur de grandes surfaces, la couleur crée une atmosphère générale ; sur de petites surfaces judicieusement choisies, elle met en valeur des éléments caractéristiques. Un emploi intelligent de la couleur peut modifier les proportions d'une pièce : elle paraîtra plus grande ou plus petite qu'elle ne l'est en réalité. N'oubliez pas que votre mobilier et les tissus participent du même accord. Attention : un excès de couleurs différentes peut détruire l'harmonie d'une pièce !

À GAUCHE : plus une couleur est intense, plus on la remarque. Une finition brillante ou laquée peut rendre une surface plus éclatante. Le fait d'avoir verni cette chaise la met en valeur sans pour autant nuire à l'effet de vieillissement.

CI-DESSOUS : on considère généralement que les couleurs situées à l'extrémité rouge du spectre de lumière semblent mises en avant. Cependant, un rouge intense, appliqué sur une grande surface, peut paraître écrasant. Ici, on a obtenu un effet spectaculaire en utilisant plusieurs rouges, obligeant l'œil à regarder le premier et l'arrière-plan.

CI-DESSUS : à l'autre extrémité du spectre, le bleu est une couleur qui semble s'estomper. Il faut donc l'utiliser pour accroître la sensation d'espace dans la décoration de certains lieux. Ici, sur l'appui de la fenêtre, le bleu intense et le jaune des objets s'équilibrent visuellement, mais le bleu pâle des volets fait que l'œil ne s'y attache pas, et la pièce paraît plus grande.

COULEUR ET LUMIÈRE

Lorsque vous choisissez des peintures ou des matières colorées pour votre intérieur, faites en sorte de les voir sous la lumière du jour à différents moments de la journée. Dans une pièce exposée au soleil, une couleur varie de tonalité du matin au soir, tandis qu'une couleur qui l'est peu, ou pas du tout, reste constante. Sous lumière artificielle, les couleurs peuvent sembler différentes.

La perception que nous avons des couleurs varie en fonction des saisons et des lieux géographiques. Une couleur brillante que vous avez aimée en vacances, sous le soleil des Caraïbes, ne sera plus la même dans votre salon ; il faudra donc l'adapter. Vous pouvez aussi atténuer la tonalité d'une couleur en y ajoutant un peu de sa complémentaire.

À DROITE : cette chambre de style indien n'est décorée qu'avec deux couleurs primaires brillantes : le rouge et le jaune. Toutefois, le rubis écarlate est équilibré par l'ocre naturel, si bien que l'effet est chaud et riche plutôt que criard. La finition satinée des murs reflète la lumière dans la pièce et les voiles transparents diffusent la lumière qui filtre de la fenêtre.

COULEUR ET TEXTURE

La texture met en valeur l'effet produit par la couleur. Si nous associons des finitions brillantes, dures – avec rationalité et efficacité –, elles sembleront froides, en particulier avec des couleurs dans la gamme des bleus. Des surfaces traditionnelles, chaudes, telles que des bois blancs veinés et des tissus riches, texturés, qui suggèrent l'ancien et la solidité, mettent en valeur les rouges, les orange et les marron. Des effets de peinture, comme le peignage et le chiffon, peuvent être différemment texturés ; aussi, lorsque vous choisissez des couleurs, pensez surtout à l'effet général que vous voulez créer.

À DROITE : couleur et texture se combinent ici pour produire un environnement reposant, bien que riche de centres d'intérêt. Les murs ont été brossés au spalter en vert et violet – deux nuances qui vont bien ensemble –, créant une impression de texture, tandis que la frise aux grappes de raisins est faite au pochoir.

CI-DESSOUS : tout, dans ce salon, évoque confort et chaleur. L'effet de faux bois des boiseries situe le décor. Le fauteuil en cuir anglais et le tapis en paille sur le sol sont intemporels. Il s'en dégage une grande sensation de confort.

NUANCES NATURELLES

Les couleurs et textures inspirées de la nature peuvent être transposées dans la maison et utilisées pour apporter une sensation de sérénité. Très variées, elles complètent n'importe quel environnement et s'accordent à tous les styles, au neuf ou à l'ancien, au classique comme au moderne. Les nuances que vous choisirez seront brillantes ou délicates.

Pour la décoration, les verts et les bleus restent les favoris, que ce soit séparément en camaïeu ou ensemble. Les marron, les orange tendres, les jaunes paille, les beiges et les crème sont aussi des couleurs naturelles qui s'harmonisent bien dans la maison ; on les retrouve souvent dans les cuisines de style rustique où ils renforcent la sensation de chaleur et de confort. Les harmonies à base de couleurs neutres autorisent le mélange de textures pour varier les effets visuels. Elles peuvent aussi mettre en valeur de petites surfaces aux couleurs brillantes, dont on peut changer pour renouveler l'atmosphère d'une pièce.

À DROITE : ces verts et bleus pâles en finition mate évoquent l'idée que l'endroit échappe à la chaleur de l'été, comme une eau fraîche ou un endroit ombragé. Les murs sont soulignés par des plinthes mates, d'un blanc net ; et le parquet en bois cérusé semble avoir été décoloré par le soleil.

À DROITE : ce décor est entièrement articulé autour d'une palette neutre en blanc cassé, d'un mobilier en métal et de bibelots rehaussés d'or. Les motifs sur les murs ont été faits au tampon trempé dans un mélange de poudre de pierre et d'enduit pour l'intérieur ; ils y apportent un relief délicat et donnent de la texture.

LES FAMILLES DE COULEURS

Vous obtiendrez d'étonnants effets monochromes en utilisant des couleurs d'une seule teinte, ou du blanc et du noir, ou du noir et du crème, ou encore plusieurs tonalités de gris qui peuvent être mélangées à partir de ces combinaisons. D'autres gris peuvent être mélangés en utilisant des proportions exactes de deux couleurs complémentaires, pour obtenir un effet neutralisant par rapport à une palette décorative brillante.

Des marron variés se marient bien visuellement puisque ce sont des pigments à base de terre qui ont donc une affinité naturelle. Ils conviennent parfaitement à des décors rustiques, car ce sont des couleurs qui ont été employées depuis toujours dans les intérieurs campagnards.

À DROITE : essayez de savoir combien de tonalités de noir, marron, et gris vous obtiendrez en ajoutant de l'eau pour diluer les pigments. L'ajout de blanc ou de crème donne d'autres gammes de couleurs. Elles peuvent être associées dans un projet décoratif, ou utilisées comme arrière-plan neutre, ou au contraire mises en avant par rapport à d'autres couleurs.

Ci-dessus : l'apparence d'ancien de cette porte peinte en marron offre une toile de fond à cette palette de chaudes couleurs de terre, formée d'objets en matériaux naturels : du fer, de la terre cuite, de l'argile couleur chamois, de la toile de jute, du raphia et du bois.

Page de gauche : on est ici en présence d'un décor « sans couleur », qui est pourtant très séduisant. Il combine des panneaux blancs, rehaussés de gris, sur un fond crème assez neutre. Des motifs répétitifs triangulaires les mettent en valeur. L'ensemble est adouci par la texture des draps (en coton blanc) et du dessus-de-lit matelassé de couleur crème.

À droite : harmonie de gris, de marron et de blanc. La teinte très claire cérusée du plancher et la chaise en bois naturel vieilli sont mises en valeur par la texture du velours, des rubans de satin et de la mousseline de soie.

JAUNE, ORANGE ET ROUGE

Le rouge est une couleur polyvalente, capable d'évoquer différentes ambiances. Il est spectaculaire et puissant quand il est utilisé dans sa forme la plus pure. Le jaune est une couleur solaire. Sa chaleur est accentuée par l'addition de rouge pour donner des orange brillants stimulants. Appliquez du jaune et de l'orange dans les pièces sombres pour leur redonner du tonus. Choisissez des teintes pastel clair si vous voulez obtenir une ambiance délicate ou des teintes brillantes pour un effet plus audacieux. Les jaunes plus pâles donnent un aspect frais qui peut aller jusqu'au froid, tandis que les orange plus rouges semblent plus agressifs, associés aux bleus complémentaires.

À GAUCHE : mélangez plusieurs jaunes pour obtenir une gamme allant de l'orange vif pur à des tonalités brûlées et marron.

À DROITE : cette cuisine jaune crée une atmosphère solaire, rafraîchie par des touches de bleu, de violet et de blanc. Sur les murs, l'effet toile de Vichy est obtenu en peignant deux bandes à la fois avec un rouleau évidé en son centre.

CI-DESSOUS : ici, un mur richement travaillé en marron orangé relie un certain nombre d'éléments de différentes couleurs de la même zone du disque chromatique : rideaux jaunes, accessoires rouge brillant, coussins brun-roux et canapé crème.

CI-DESSOUS : ce charmant coffre (art populaire) est décoré de motifs floraux traditionnels rouges et marron. Le rouge foncé est équilibré par les panneaux jaune crémeux et les couleurs sont relevées par un bleu tendre de la zone la plus froide du disque chromatique.

CHARLOTTE

ROSE, LILAS ET PÊCHE

Le rouge, dans sa forme la plus pure, est une couleur forte. Mais bien dilué ou additionné de blanc, il donne des roses plus tendres pour habiller une salle à manger raffinée ou une chambre d'enfant. Ajoutez-y du bleu, et vous serez plongé dans un univers apaisant de lilas, de mauves et de violets. Mélangez-le avec du jaune pâle, et vous obtiendrez des nuances orange douces qui vont du beige chaud le plus pâle à un ocre brun tendre.

À droite : ces roses, mauves et orange sont issus d'un mélange de rouge et de blanc. Les couleurs les plus intenses de la gamme se marient bien avec les couleurs vives telles que le vert-jaune ou le turquoise.

Ci-contre : ici, on a associé différentes nuances de rose pour produire ce décor frais et moderne : les murs rose pastel sont assortis aux serviettes pêche, bleu-mauve délavé et à la savonnette fuchsia brillant.

Ci-dessous : un rouge dilué donne une teinte rosâtre à ce vieux parquet. Certaines couleurs de bois sont fades ; on les réveille avec une teinte jaune orangée.

BLEU ET VERT

Les bleus et les verts sont des couleurs apaisantes. Elles nous sont familières, car ce sont les couleurs de notre environnement. Si le ciel affiche une vaste gamme de bleus, tout comme la mer, le vert est la couleur de la végétation, depuis les feuilles tirant sur le gris tendre jusqu'au vert-jaune des boutons floraux. Les bleus et les verts semblent apporter un souffle de l'extérieur dans la maison. Utilisez des bleus et verts pâles pour créer une sensation légère, fraîche, et des tonalités brillantes pour une atmosphère plus exotique.

À GAUCHE : le bleu est très proche du vert ; il suffit de lui ajouter une pointe de jaune pour obtenir une couleur qui soit dotée de nouvelles caractéristiques. Bien qu'issues de la zone froide du disque chromatique, ces couleurs peuvent paraître plutôt chaudes si l'on ajoute au bleu un jaune chaud ou un rouge.

CI-CONTRE : un jaune-vert éclatant, associé à une peinture blanche brillante, apporte une note printanière, pleine de fraîcheur. Sur le mur, le petit motif du losange argenté empêche le vert de paraître trop dense.

À GAUCHE : un bleu badigeonné sur les murs est accentué par le faux carrelage, peint à la main, en bleu brillant et orange. L'ensemble du décor est simple et frais.

CRÉER DES EFFETS

Les pages qui suivent sont consacrées à la création d'effets pour vos projets décoratifs. Vous y découvrirez aussi nombre de techniques qui vous inspireront pour renouveler la décoration de votre maison. Toutes les méthodes sont décrites pas à pas, avec des mots simples, pour vous permettre d'obtenir rapidement d'excellents résultats. Les effets proposés vont des techniques de base au faux bois et au faux marbre en passant par une quantité de motifs et de textures. Avant de vous lancer dans une technique, lisez attentivement les notices s'y rapportant et retenez bien le matériel et les produits dont vous aurez besoin.

CI-DESSUS : ce sont parfois les effets les plus simples qui ont le plus d'effet. Pour un rendu réellement contemporain, associez un faux hêtre sur la table à de larges bandes sur le mur de fond.

CI-CONTRE : la nuance sourde sur les murs s'accorde parfaitement avec le mobilier en bois clair et le vert et l'orange foncé des coussins.

FINITIONS ÉLÉMENTAIRES

Les techniques décrites dans ce chapitre sont des effets classiques. Elles conviennent surtout à la décoration rapide et facile de surfaces importantes. Bon nombre d'entre elles, comme le vieillissement, l'imitation de l'ancien, le laquage, vous permettront de donner une touche personnelle à votre mobilier, alors que d'autres, comme le craquelé, le glacis et la dorure, vous aideront à transformer de simples accessoires en éléments décoratifs.

LA PATINE

La patine demande une brosse large et une peinture latex (acrylique ou vinylique) diluée dans de l'eau, de la colle à papier peint et un glacis à l'eau pour faire un mélange appelé badigeon. Les effets obtenus varient en fonction de la consistance du mélange et de la méthode d'application. Ici, nous utilisons deux outils très élémentaires : une large brosse et une éponge synthétique.

PATINE UNE COUCHE

C'est un effet souple et rapide, particulièrement indiqué pour dissimuler de petites imperfections. En général, un bon mélange se compose de 50 % de peinture latex et de 50 % de colle à papier peint. L'effet est d'autant plus fort que la couleur de la peinture est vive et que la couche de fond est pâle.

CI-DESSUS À DROITE : les grands coups de brosse sont parfaits pour la salle de bains, où l'humidité peut parfois laisser des traces sur des murs unis et mats.

Emploi de la brosse

1 Dans un pot de peinture, mélangez à parts égales peinture latex (acrylique ou vinylique) et colle à papier peint. Prenez une brosse d'au moins 10 à 15 cm de large. Plongez le bout des soies dans la peinture, égouttez l'excès sur le bord du pot. Passez les premiers coups, bien espacés, sur le mur.

Matériel nécessaire

- peinture latex (pigment + résine polymère + eau)
- colle à papier peint
- pot de peinture
- brosse large (spalter)

2 Sans reprendre de la peinture, donnez de grands coups de brosse en tous sens.

3 Continuez sur tout le mur en ajoutant de la peinture au fur et à mesure. Estompez les raccords avec la brosse presque sèche.

Emploi de l'éponge

1 Mélangez dans un pot, à parts égales, peinture latex et colle à papier peint (solution liquide). Plongez un côté de l'éponge dans le pot, égouttez l'excès de peinture sur le bord du pot et passez-la sur le mur dans tous les sens.

Matériel nécessaire

- peinture latex
- colle à papier peint
- pot de peinture
- éponge synthétique

2 Étalez la peinture sur le mur en un large mouvement tout en variant les directions.

3 Passez à la surface voisine en rechargeant l'éponge de peinture ; estompez les raccords.

PATINE UNE COUCHE

mauve

ocre brun

vert-jaune

pierre bleue

moutarde foncée

ocre brun pâle

PATINE DEUX COUCHES

Le principe d'application est le même que précédemment, mais une fois que la première couche a séché, on la recouvre d'une seconde. Cette technique atténue l'effet général des traces laissées par la brosse ou l'éponge lors de la première couche. Essayez plusieurs couleurs et différentes combinaisons de couches.

matériel nécessaire

- peinture latex (deux coloris)
- colle à papier peint
- pot de peinture
- brosse large

À la brosse

1 Mélangez dans un pot, à parts égales, peinture latex et colle à papier peint (solution liquide). Appliquez des coups de brosse en variant les directions. Traitez ainsi toute la surface.

2 Lorsque la première couche est complètement sèche, répétez l'étape 1 en utilisant la seconde peinture.

3 Rechargez la brosse de peinture et atténuez les raccords. L'effet de patine sera plus subtil qu'avec une seule couche.

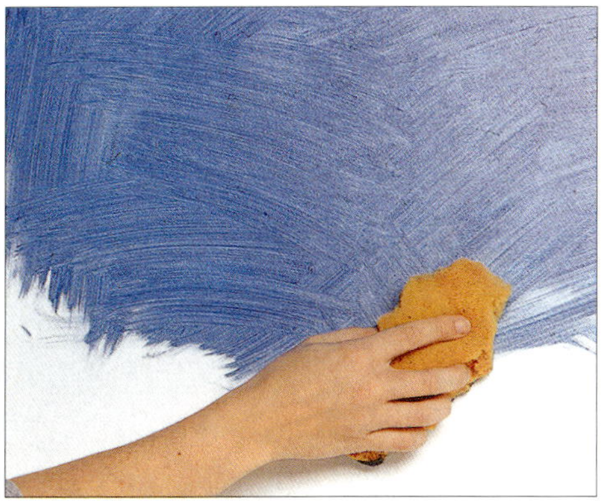

À l'éponge

1 Mélangez à parts égales peinture latex et colle à papier peint en solution liquide. Appliquez sur le mur avec une éponge en variant les directions. Traitez ainsi toute la surface.

Matériel nécessaire

- peinture latex (deux coloris)
- colle à papier peint
- pot de peinture
- éponge synthétique

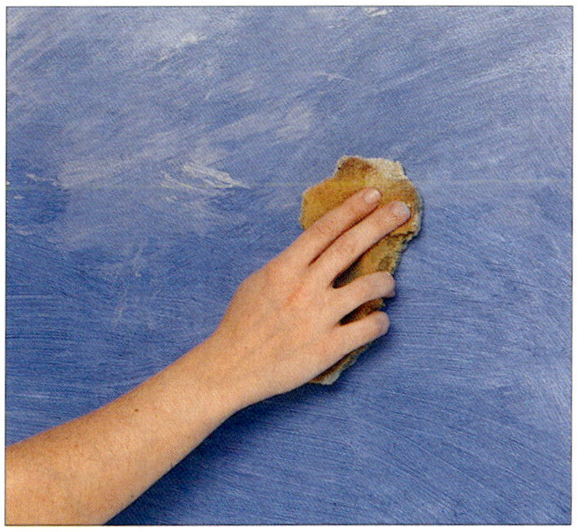

2 Une fois que cette couche est sèche, passez une seconde de couleur différente, comme à l'étape 1.

3 Rechargez l'éponge et atténuez les raccords.

PATINE DEUX COUCHES

fauve sous crème

violet sous mauve

vert jade sous vert pâle

bleu sous crème

ocre brun sous jaune

rouge sous jaune pâle

À GAUCHE : la patine est une technique idéale pour couvrir vite et facilement de larges surfaces murales. En mélangeant deux teintes de bleu, l'une plus sombre que l'autre, on obtient une nuance typiquement méditerranéenne.

L'ÉPONGÉ

L'épongé est une technique simple, parfaite pour les débutants, car, facile et rapide, elle permet de recouvrir de grandes surfaces. Elle consiste à plonger l'éponge dans une peinture diluée, de l'essorer et de la tamponner sur le mur. Selon qu'on utilise une éponge synthétique ou une éponge naturelle, les effets obtenus sont différents. L'éponge naturelle produira de petites empreintes fines, alors que la synthétique, telle l'éponge pour laver la voiture, laissera des marques plus grosses ; pincez-la pour en extraire de gros morceaux. Sur les bords et dans les coins, il est difficile de travailler avec une grosse éponge ; servez-vous alors d'une plus petite.

ÉPONGÉ UNE COUCHE

L'effet que vous obtiendrez dépendra en grande partie du choix de la couleur à poser sur la couche de fond. Faites des essais de couleur et de recouvrement.

Matériel nécessaire

- peinture latex
- éponge naturelle

Éponge naturelle

1 Plongez l'éponge dans la peinture, essorez-la, et assurez-vous qu'il n'y a pas de grumeaux sur l'éponge. Appliquez la peinture par petites touches en alternant les angles d'application.

2 Rechargez l'éponge et continuez à couvrir la surface. Bouchez les trous et assurez-vous que le motif général est régulier.

Éponge synthétique

1 Prenez une éponge synthétique et arrachez-en des morceaux avec le pouce et l'index. Faites cela en particulier lorsque vous vous attaquez aux bords pour ne laisser aucune marque linéaire, retirez aussi des morceaux du centre de l'éponge. Plongez-la dans la peinture, essorez-la et tamponnez le mur sous différents angles.

Matériel nécessaire

- peinture latex
- éponge synthétique

2 Travaillez toute la surface. Assurez-vous que le motif est le même partout et comblez les trous.

ÉPONGÉ

ocre brun sous crème

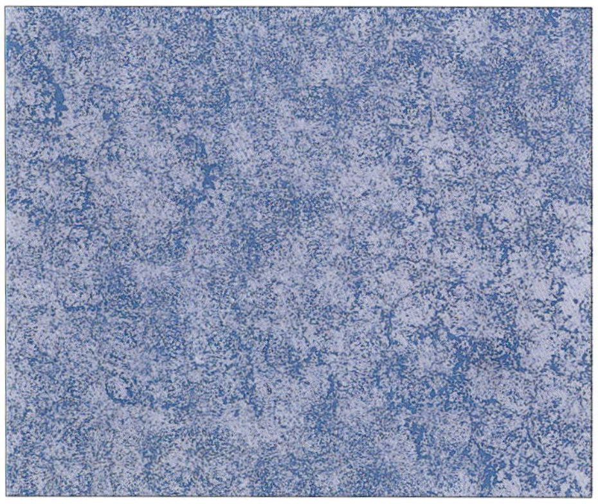

lilas sous bleu

moutarde sous blanc

gris sous blanc

vert-jaune sous blanc

mauve sous lilas

ÉPONGÉ DEUX COUCHES

La technique est la même que précédemment mais l'effet est épaissi par la seconde couleur.

Matériel nécessaire

- peinture latex (deux coloris)
- éponge naturelle

Éponge naturelle

1 Plongez l'éponge dans la peinture, essorez-la. Appliquez une première couche. Tamponnez le mur régulièrement. La régularité n'est pas capitale à cette étape dans la mesure où la seconde couche atténuera l'effet. Laissez sécher complètement la surface.

2 Nettoyez l'éponge et séchez-la entièrement. Plongez-la dans la seconde peinture. Égouttez l'excès de peinture et tamponnez la surface. Ne l'étalez cependant pas trop pour ne pas couvrir totalement la première couche.

Éponge synthétique

1 Pincez l'éponge pour en arracher de gros morceaux sur les bords et au milieu. Plongez-la dans la peinture, essorez-la et tamponnez le mur en variant les angles d'attaque. Laissez sécher la surface complètement.

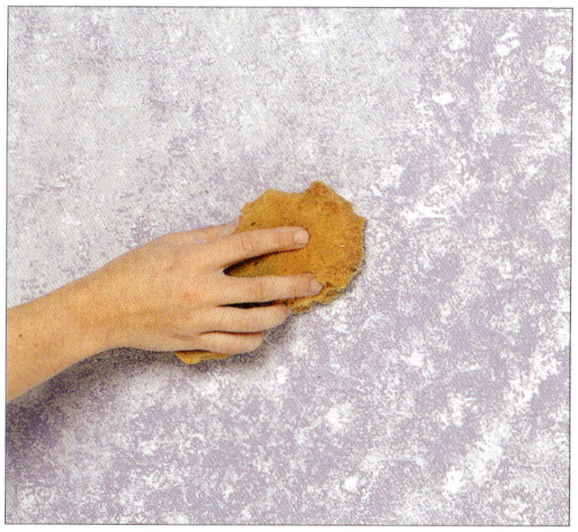

2 Nettoyez l'éponge et laissez-la sécher complètement avant de vous en resservir pour la seconde couleur. Procédez comme précédemment et tamponnez le mur. Les mouvements doivent être plus légers de façon que la première couche ne soit pas totalement recouverte.

Matériel nécessaire

- peinture latex (deux coloris)
- éponge synthétique

À DROITE : pied de lampe travaillé à l'éponge.

ÉPONGÉ ÉPAIS

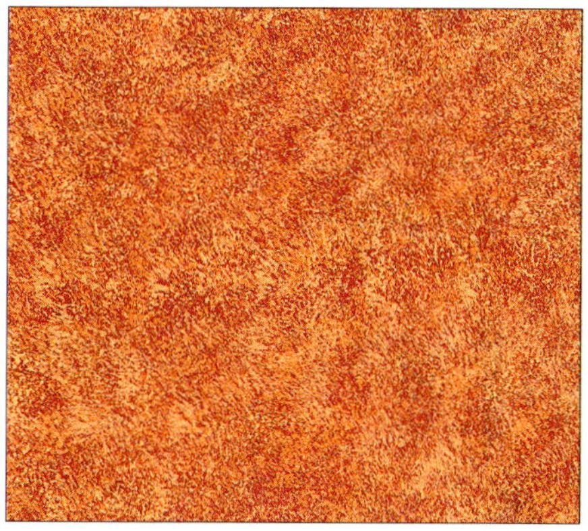

orange, rouge et jaune

vert pâle, vert jade et gris

turquoise et vert-jaune

ocre brun pâle et jaune

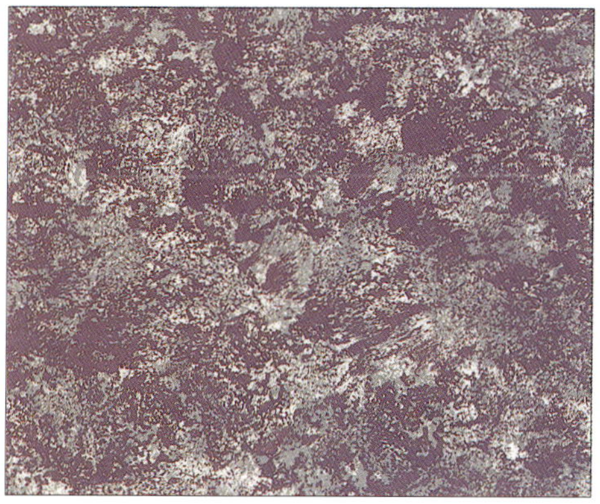

violet et gris

bleu centaurée et gris

LE STRIÉ

Un spalter permet de réaliser cet effet ; on peut aussi utiliser une large brosse plate ou même le bord d'une éponge, la grossièreté de l'outil employé déterminant la finition de l'effet. La technique en elle-même est très simple. La brosse est tirée vers le bas sur une peinture fraîche, en un geste net pour produire une série de stries bien parallèles. Les lignes produites doivent être parfaitement régulières ; il est donc difficile de travailler de la sorte des panneaux importants. Pour surmonter cette difficulté, on peut réduire la zone à travailler en la limitant par une baguette posée, par exemple, en astragale.

Matériel nécessaire

- crayon
- règle plate
- peinture latex
- colle à papier peint
- pot de peinture
- large brosse
- spalter ou large brosse plate
- chiffon humide

1 Tracez une ligne de référence. Mélangez dans un pot à parts égales peinture latex et colle à papier peint, et peignez une bande verticale, recouvrant légèrement la ligne de référence. Travaillez sur une petite largeur de mur à la fois, environ 15 à 25 cm.

2 Humectez le spalter ou la brosse ; si elle est trop sèche, elle retirera trop de peinture. Prenez la brosse d'une main et aplatissez ses soies contre le mur de l'autre main. Tirez-la en un mouvement aussi droit que possible. Vous obtiendrez ainsi de profondes stries parallèles.

3 Passez une autre couche de peinture rejoignant la précédente et la recouvrant légèrement.

4 Faites un strié droit sur les raccords et continuez le strié.

5 Le haut terminé, retirez l'excès de peinture avec un chiffon humide, en suivant le trait sur la ligne de base.

6 Faites un strié horizontal au bas de cette ligne pour créer des stries dans une direction différente.

CI-CONTRE : pour obtenir cet effet sur un simple cadre en bois, passez une couche de peinture orange pâle en couvrant les angles pour créer des coins nets et précis. Passez une seconde couche d'une nuance plus soutenue en tirant la brosse sur cette couche avant qu'elle ne sèche.

STRIÉ

ocre brun

marron

pierre bleue

jaune

beige

bleu pastel

BROSSAGE SEC

C'est une technique qui demande très peu de peinture. Seule l'extrémité des soies de la brosse est imbibée de peinture, et on élimine tout excès. La brosse est ensuite tenue presque parallèlement au mur, en lui imprimant une légère pression, la peinture étant étalée dans plusieurs directions. La technique est identique à la patine mais la peinture ne recouvre pas toute la surface et crée un effet plus texturé. Comme elle met en évidence les imperfections et bosses de la surface, demandez-vous si elle est vraiment appropriée avant de l'appliquer. Elle convient à un décor rustique, peut-être une cuisine ou une véranda.

BROSSAGE SEC UNE COULEUR

Comme avec la patine, vous ne pouvez appliquer qu'une seule couche de peinture. Pour rehausser l'aspect texturé, faites en sorte que la couche de fond reste visible.

À droite : utilisez cette technique sur un bois brut, comme ce tabouret de cuisine peint en blanc.

Matériel nécessaire

- peinture latex
- colle à papier peint
- pot
- brosse large

1 Trempez l'extrémité des soies d'une large brosse plate dans une peinture non diluée. Essorez-la au maximum et passez sur le mur en variant les directions.

2 Continuez à travailler dans le même esprit, en ne rechargeant la brosse que s'il n'y a plus du tout de peinture. Assurez-vous régulièrement que la couche de fond reste visible.

3 Rajoutez un peu plus de peinture sur la surface pour atténuer l'effet. Plus la surface est brossée, plus l'effet est doux.

BROSSAGE SEC DEUX COULEURS

Vous donnerez de la profondeur en ajoutant une seconde couche de couleur. Faites en sorte que cette seconde couche de peinture soit nettement plus claire que la première afin d'obtenir un bon contraste.

1 Lorsque la première couleur est sèche, passez la seconde en opérant comme précédemment.

2 Rechargez la brosse en peinture et égalisez l'effet.

3 Traitez toute la surface en bouchant le moindre trou laissé. Cette opération s'effectue le mieux en prenant du recul pour apprécier l'effet d'ensemble.

Matériel nécessaire

- peinture latex
- colle à papier peint
- pot de peinture
- large brosse

BROSSAGE SEC

beige sur blanc

vert-jaune sur blanc

bleu pastel sur blanc

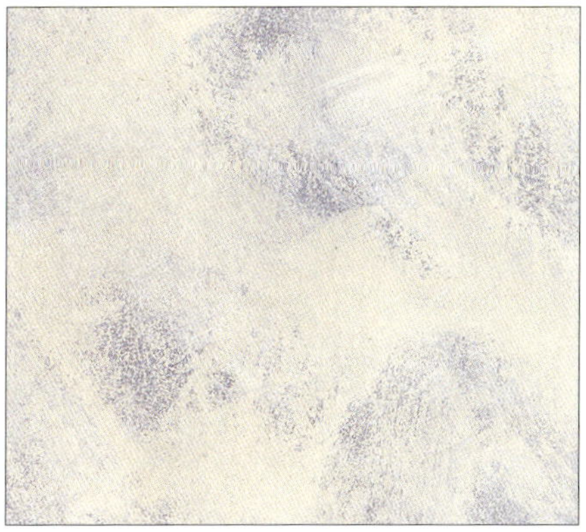

bleu centaurée sous blanc

mauve foncé sous mauve pâle

rouge sous fauve

LE POCHAGE

Le pochage apporte une finition délicate et subtile. Il consiste à faire de fines mouchetures ou tachetures sur un badigeon à base de peinture latex, pour créer cet effet tacheté, estompé. C'est une technique assez pénible, la brosse à pocher devant être appliquée plusieurs fois par petites touches avec une pression égale. À deux, cette opération sera plus rapide, une personne passant la peinture, l'autre effectuant le pochage.

L'idéal est de disposer d'une brosse à pocher de spécialiste, dont la touffe de soies est compacte. Une brosse à colle pour le papier peint ou une large brosse plate fera aussi l'affaire : les taches seront seulement plus évidentes du fait de la rugosité des soies. Quelle que soit la brosse que vous choisirez, vous aurez aussi besoin d'une petite brosse d'environ 2,5 cm de large pour travailler les coins et les bordures.

Matériel nécessaire

- peinture latex
- pot de peinture
- colle à papier peint
- brosse de peinture à jeter

Pochage à la brosse plate

1 Mélangez à parts égales, dans un pot, peinture latex et colle à papier peint (liquide). Appliquez une mince couche bien régulière.

2 Donnez des coups sur la surface avec les pointes des soies de la brosse jusqu'à ce que l'effet soit uniforme.

3 Continuez le pochage jusqu'à ce qu'il n'y ait plus de raccords apparents et que l'effet d'ensemble soit uniforme et estompé.

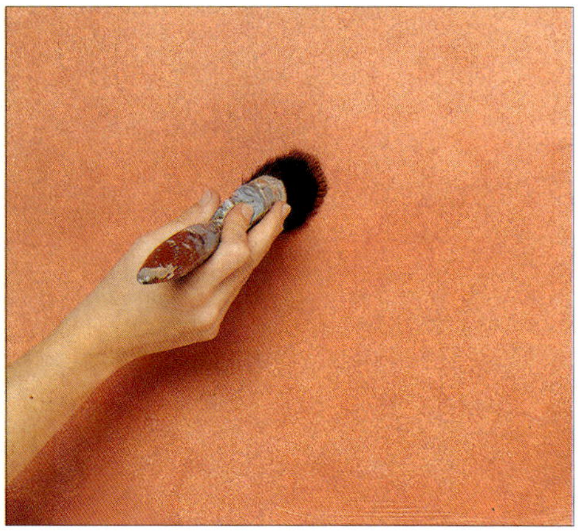

À GAUCHE : le cadre de ce dessin a été peint en peinture acrylique vert foncé pochée sur un vert tendre.

Pochage à la brosse plate

1 Mélangez à parts égales peinture latex et colle à papier peint (liquide). Appliquez une mince couche bien régulière.

Matériel nécessaire

- peinture latex
- pot de peinture
- colle à papier peint
- brosse à pocher

2 Appliquez la brosse à pocher. N'achevez le pochage que lorsque l'effet est bien régulier.

3 Poursuivez le processus sur tout le mur à couvrir.

POCHAGE

bleu cobalt (moyen)

vert-jaune

moutarde

vert

lilas

orange

EFFETS STRUCTURÉS AU ROULEAU

Cette technique, rapide et simple, consiste à se servir de deux peintures latex différentes non diluées, que l'on verse dans le bac à rouleau, une de chaque côté. Vous constaterez qu'elles ne se mélangent heureusement pas immédiatement. Puis vous passez un rouleau à poils longs à la surface des deux peintures pour le charger fortement. Appliquez-le sur le mur en passes croisées. N'imprimez qu'une légère pression puisque la texture du rouleau et les deux couleurs feront le plus gros du travail.

Plus le rouleau passera sur la peinture, plus les couleurs se mélangeront, créant un effet spectaculaire. L'impact de l'effet dépendra de la force des couleurs employées. Utilisez une petite brosse (2,5 cm) pour pocher les bords et les coins afin que la peinture se mélange avec le reste. Cette technique permet de couvrir rapidement des surfaces importantes ; elle est très accessible aux débutants.

Les combinaisons de couleurs intéressantes sont le rouge et le fauve, le bleu pastel et le crème, le jaune et le crème, le mauve clair et foncé, le bleu cobalt et le vert moyen, le violet et le rose bonbon, l'ocre-brun et le pâle, et le vert cendré et la menthe.

1 Versez les deux couleurs de chaque côté du bac. Chargez fortement le rouleau, jusqu'à ce qu'il prenne la couleur des deux tons. Passez-le, par petits coups, sur le mur en variant les angles d'application.

2 Poursuivez sans rajouter de peinture au rouleau jusqu'à ce que les couleurs s'estompent légèrement. Vous pouvez retourner le rouleau afin d'éviter de terminer sur un effet légèrement arraché sur le mur. Variez les angles d'attaque de façon irrégulière.

3 Passez le rouleau sur la surface traitée pour l'assouplir. Rechargez en peinture avant de passer à la surface adjacente. Reculez-vous de temps à autre pour vérifier qu'il n'y a pas de concentration voyante d'une couleur sur une zone particulière.

Matériel nécessaire

- une cuvette
- peinture latex (deux coloris)
- rouleau à longs poils
- brosse à jeter de 2,5 cm

CI-CONTRE : utiliser un mélange de couleurs sourdes sur votre rouleau donne une belle apparence dans un salon ; cela crée une atmosphère apaisante pour se relaxer et recevoir des amis.

EFFETS STRUCTURÉS

rouge et fauve

bleu cobalt (moyen) et gris

bleu pastel et crème

jaune et crème

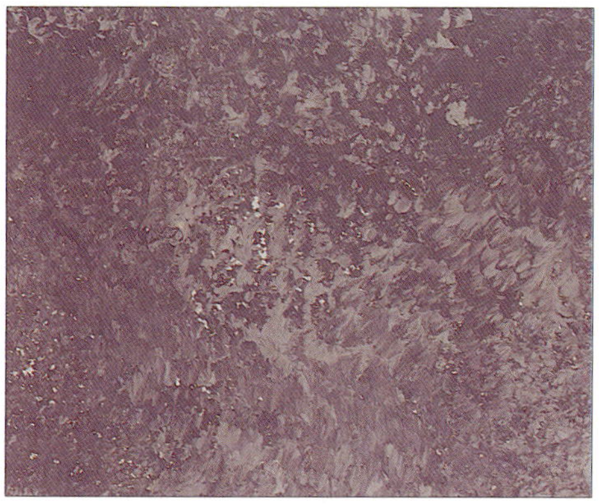

mauve pâle et mauve foncé

bleu azur et vert

PEINTURE AU CHIFFON

Cette technique peut se pratiquer de deux façons : le chiffon en positif ou le chiffon en négatif. Toutes deux sont simples. La peinture au chiffon en positif consiste à appliquer la peinture en tampon ; celle en négatif, à passer la peinture à la brosse sur le mur et, avec un chiffon sec, à tamponner pour la retirer, en laissant une marque « chiffonnée ». Le « chiffon » recommandé pour cette opération est en fait un tampon de lanières de peau de chamois qui laisse une empreinte nette ; vous pouvez utiliser une autre étoffe pour un effet différent. Dans les deux cas, la peau de chamois devra être régulièrement essorée, car trop de peinture ferait des taches et des gouttes sur le mur.

CHIFFON EN POSITIF

La technique est identique à l'épongé, mais l'effet est plus marqué. Le choix de la couleur qui, couvre la couche de fond conditionnera l'impact de l'effet. Appliquez le chiffon uniformément.

Matériel nécessaire

- peinture latex
- colle à papier peint
- pot de peinture
- bac de rouleau
- peau de chamois

1 Mélangez à parts égales peinture latex et colle à papier peint dans le pot de peinture. Versez le mélange dans le bac. Froissez le tampon de peau de chamois, plongez-le dans la peinture, retirez l'excès et tamponnez le mur.

2 Froissez de nouveau la peau de chamois, replongez-la dans la cuvette, puis tamponnez le mur jusqu'à ce qu'il soit couvert uniformément.

À GAUCHE : la peinture au chiffon sert aussi à créer des motifs, comme sur ce paravent multicolore.

CHIFFON EN NÉGATIF

Cette technique produit un effet plus marqué, comme un tissu fripé.

1 Mélangez à parts égales peinture latex et colle à papier peint dans un pot. Passez le badigeon sur une surface importante.

2 Froissez le tampon de peau de chamois en boule et tamponnez-en le mur pour retirer délicatement un peu de peinture. Variez les angles à chaque coup de chiffon. Essorez à nouveau le tampon dès qu'il est trop chargé de peinture ou lorsque les marques sur le mur semblent trop répétitives.

Matériel nécessaire

- peinture latex
- colle à papier peint
- pot de peinture
- peau de chamois

3 Poursuivez l'opération sur toute la surface jusqu'à ce que l'effet soit uniforme. Si vous avez retiré trop de peinture, rajoutez-en immédiatement avec la brosse et tamponnez à nouveau la partie concernée avec la peau de chamois.

PEINTURE AU CHIFFON

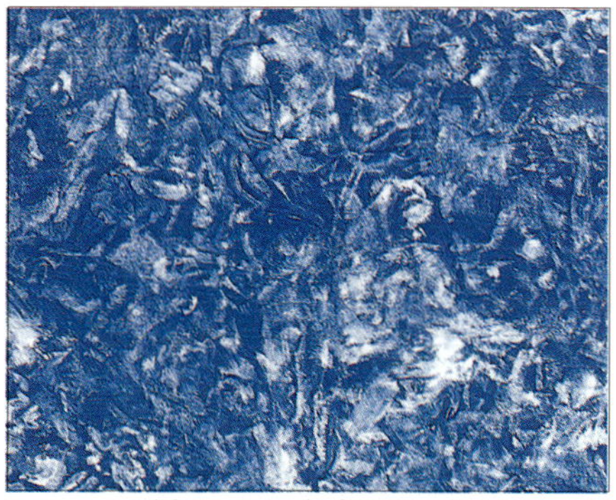

bleu cobalt (moyen)

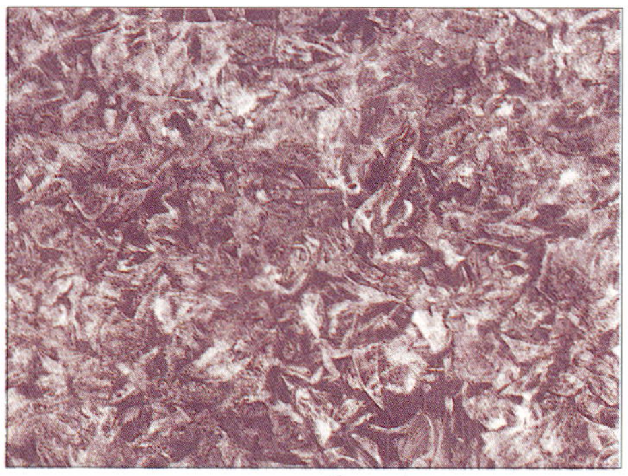

mauve foncé

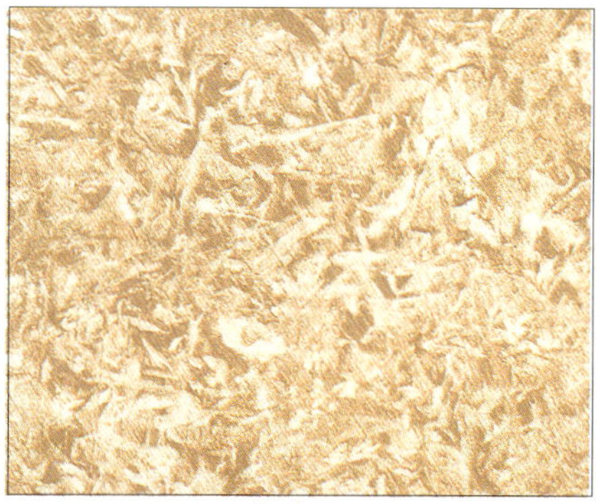

beige

gris

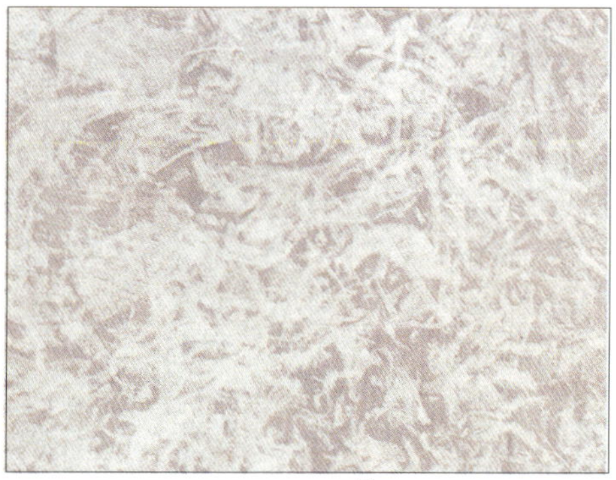

mauve pâle

ocre brun

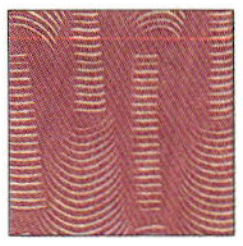

PEIGNAGE

Le peignage est une technique facile qui vous permet de donner libre cours à votre imagination pour créer divers motifs. La méthode de base consiste à passer un peigne sur une peinture encore fraîche, de manière à produire des lignes. Prenez un peigne en caoutchouc, car il est à la fois solide, flexible et lavable. Vous pouvez cependant aussi fabriquer votre propre peigne avec un morceau de carton dur sur lequel vous créerez des dents. Le nombre de motifs est illimité mais entraînez-vous d'abord sur un morceau de carton pour trouver celui qui vous convient. La surface à traiter doit impérativement être lisse, sinon le peigne tressautera et manquera certaines zones : l'effet général serait alors gâché.

PEIGNAGE ÉLÉMENTAIRE

Il implique de descendre le peigne en ligne droite. Dans ce cas, n'oubliez pas que le peigne doit être conduit de haut en bas en un geste net. Il est toujours difficile de peigner un mur entier en tirant le peigne de haut en bas d'un seul coup : le peignage en ligne droite est plus adapté aux petites surfaces.

Matériel nécessaire

- peinture latex
- colle à papier peint
- pot de peinture
- brosse
- peigne en caoutchouc

1 Mélangez 75 % de peinture latex à 25 % de colle à papier peint dans un pot de peinture. Brossez la surface verticalement.

2 Tenez le peigne sous un angle de 90° par rapport au mur et tirez-le en ligne droite vers le bas. Si le peigne tremble ou si vous vous trompez, repassez un coup de peinture immédiatement et refaites l'opération comme précédemment.

À GAUCHE : un parquet en damier prend une tout autre allure quand il est peigné.

MOTIFS PEIGNÉS

Exercez-vous à des motifs continus et brisés en relevant régulièrement le peigne de la surface. Vous pouvez essayer une variété infinie de motifs, qui auront un effet certain si vous vous servez de couleurs contrastées. Attendez toujours que la couche de fond sèche complètement avant d'appliquer la couche supérieure sur laquelle vous passerez immédiatement le peigne, quand la peinture est encore facilement manipulable.

Bandes verticales et horizontales

Longues vagues parallèles

Volutes en forme de « S » allongés

Damier en cases verticales et horizontales

PEIGNAGE

jaune sous rouge

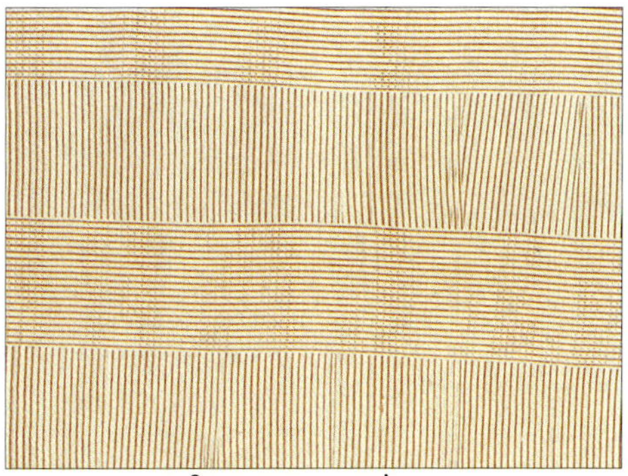

fauve sous crème

gris sous vert

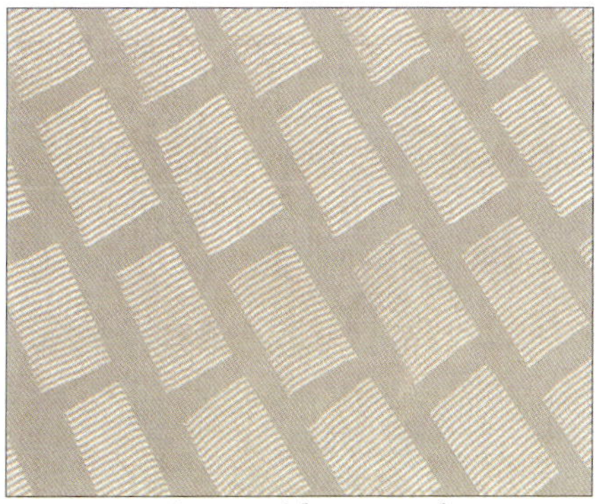

gris sous bleu pastel

crème sous jaune

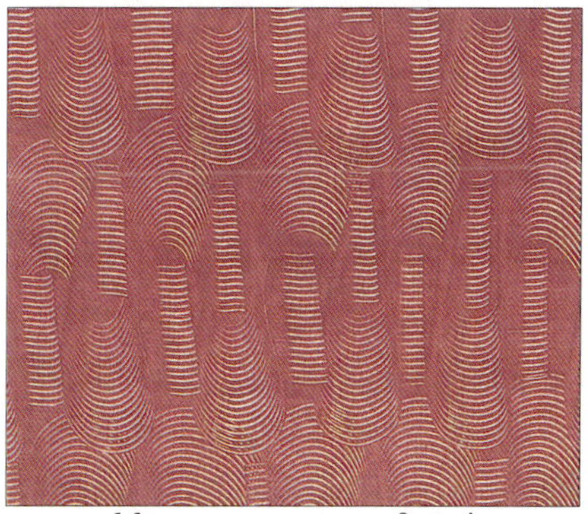

blanc sous mauve foncé

FROTTAGE

Le frottage consiste d'abord à badigeonner un mur ou une surface puis à appliquer un morceau de papier ou de plastique sur la peinture encore fraîche, à le froisser légèrement et enfin à le retirer. Le papier ou le plastique laisse sur la surface un effet de tissu plissé. La réussite de cette technique repose intégralement sur la dilution de la peinture. Si elle est trop diluée, le résultat sera une peinture qui fuit avec seulement quelques taches marquant l'effet ; pas assez diluée, elle ne laissera aucune empreinte. Il faut appliquer une bonne couche uniforme – la pratique vous aidera à juger quel est le juste dosage – et la surface pourra être repeinte avec le mélange si le premier essai ne ressemble pas à ce que vous attendiez.

FROTTAGE AU PAPIER

Comme le papier journal est absorbant, il retirera plus de peinture que le plastique. Changez de papier aussi souvent que c'est nécessaire.

Matériel nécessaire

- peinture latex
- colle à papier peint
- pot de peinture
- brosse à jeter
- papier journal

1 Mélangez à parts égales peinture latex et colle à papier peint dans un pot, étalez le mélange sur une grande surface d'environ 3 000 cm^2.

2 Froissez légèrement le papier et posez-le à plat sur le mur ; froissez-le encore un peu avant de le retirer proprement.

3 Dernière étape : faites une boule de papier et tamponnez pour retirer toute grosse tache ; égalisez le motif.

À gauche : l'effet décoratif, délicat, du frottage rafraîchit le vaste mur uni d'un vestibule.

FROTTAGE AU PLASTIQUE

Le plastique produit un effet légèrement différent du papier. Au lieu d'éliminer la peinture, il laisse juste une empreinte à la surface de celle-ci.

1 Mélangez à parts égales colle à papier peint et peinture latex dans un pot. Brossez le mur sur une grande surface d'environ 3 000 cm^2.

Matériel nécessaire

- colle à papier peint
- peinture latex
- pot de peinture
- brosse à jeter
- sac en plastique

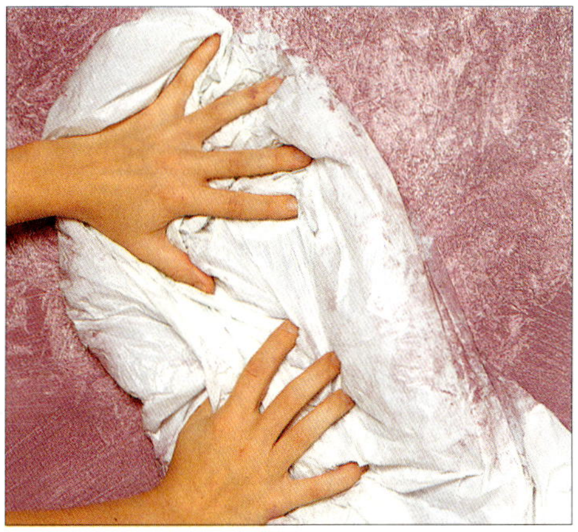

2 Froissez légèrement le sac en plastique avant de l'appliquer sur le mur. Une fois posé sur la surface, refroissez-le encore un peu et retirez-le proprement.

3 Faites-en une boule en boule pour éliminer les gouttes et adoucissez l'effet général.

FROTTAGE

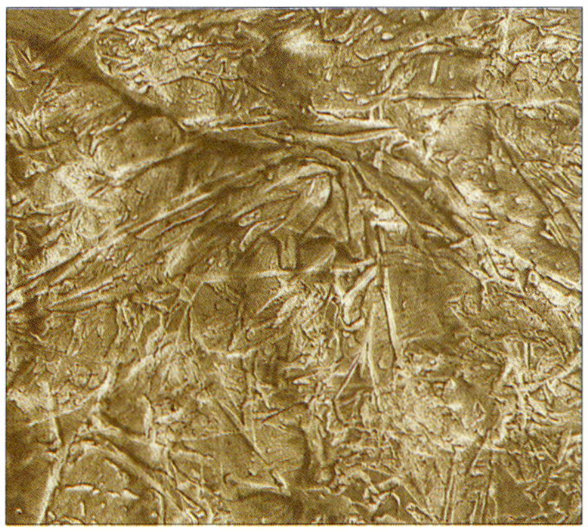

gris-vert

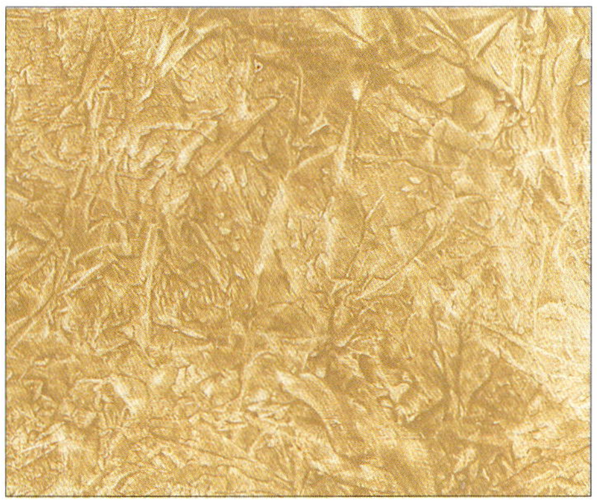

beige

moutarde

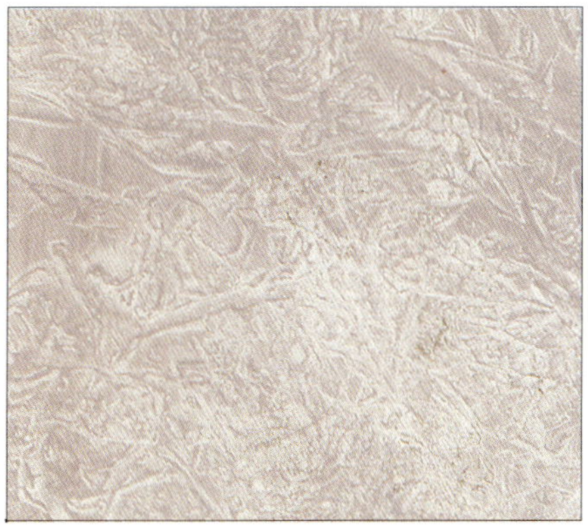

mauve pâle

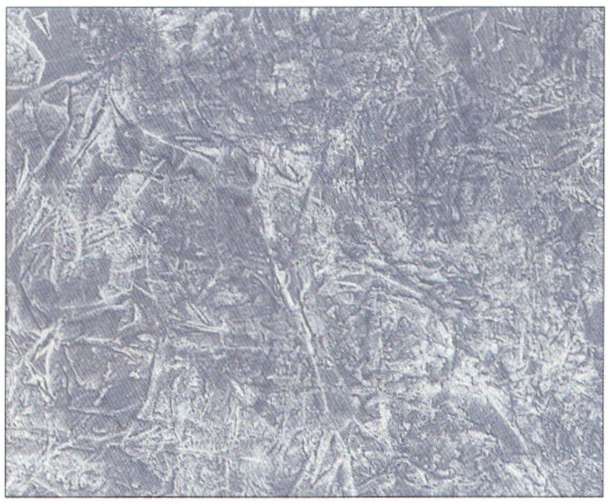

bleu cobalt (moyen)

ocre brun

MOUCHETÉ

Le moucheté est produit par la projection de petits points de différentes couleurs sur une surface peinte. C'est une technique très facile à appliquer sur une surface plane, dans la mesure où la consistance de la peinture n'est pas cruciale quant à l'effet final. Toutefois, si vous travaillez sur une surface verticale, elle devient primordiale, car si la peinture est trop fluide, elle s'écoulera. Faites auparavant un essai pour éviter cette erreur, qu'il sera presque impossible de corriger et qui vous obligera à recommencer le travail. La technique de base consiste à charger une brosse de peinture, puis à la frapper contre une autre pour lancer des petits points sur la surface en changeant constamment de position pour contrôler la répartition.

La couleur de la couche de fond est importante, car c'est elle qui formera la couleur dominante, dans la mesure où le pointillisme reste purement décoratif. Vous pouvez employer plusieurs couleurs différentes, mais essayez les couleurs de combinaisons simples : vert cendré sur vert jade, bleu marine sur lilas, moutarde sur ocre brun, crème sur fauve, mauve sur violet et vert jaune sur turquoise.

Matériel nécessaire

- peinture latex (au moins trois couleurs)
- pot de peinture
- brosse à jeter
- pinceau moyen d'artiste

1 Passez une première couche (la couche de fond), à base de peinture latex.

2 Une fois qu'elle est sèche, passez une seconde couche de la même peinture.

3 Mélangez la seconde couleur avec environ 25 % d'eau dans un pot jusqu'à ce qu'elle soit fluide et crémeuse. Prenez un pinceau d'artiste, plongez-le dans le mélange. Égouttez l'excès sur le bord du pot et repoussez d'une chiquenaude les soies pour créer de gros points.

4 Lorsque la seconde couleur a séché, mélangez la troisième avec 25 % d'eau dans un pot de peinture jusqu'à ce que le mélange atteigne une consistance crémeuse. Puis, plongez le pinceau dans la peinture, égouttez l'excès sur le bord du pot. Créez des points à la surface en tapotant une brosse contre l'autre.

5 Faites des points plus petits avec la troisième couleur en repoussant d'une chiquenaude les soies avec votre index.

À DROITE : ce mur est traité en moucheté avec un mélange légèrement dilué de peintures blanche et jaune sur une couche de fond bleu marine.

MOUCHETÉ

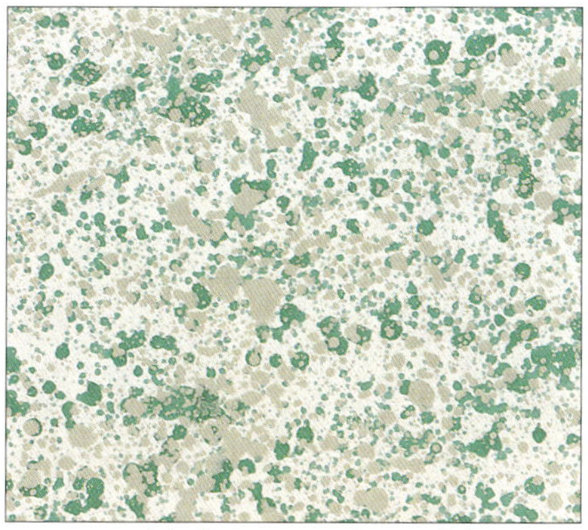

vert jade avec vert cendré

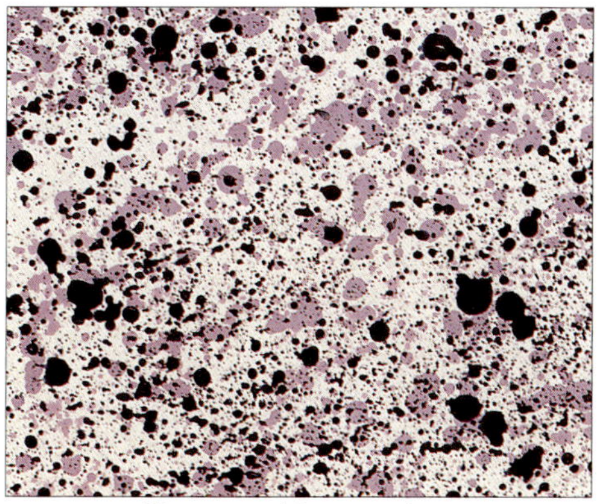

lilas avec bleu marine

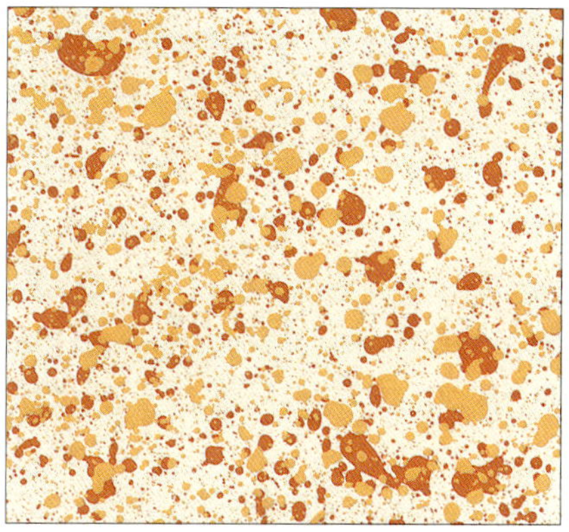

moutarde avec ocre brun

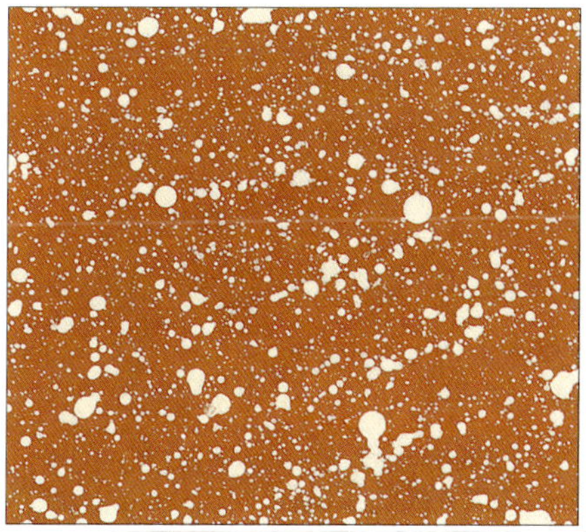

fauve avec crème

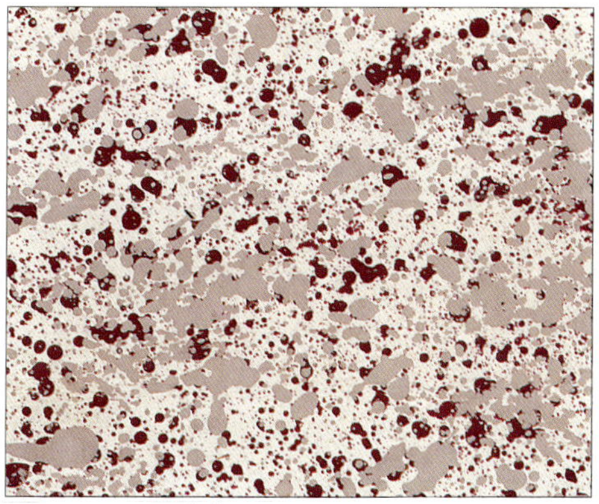

violet avec mauve

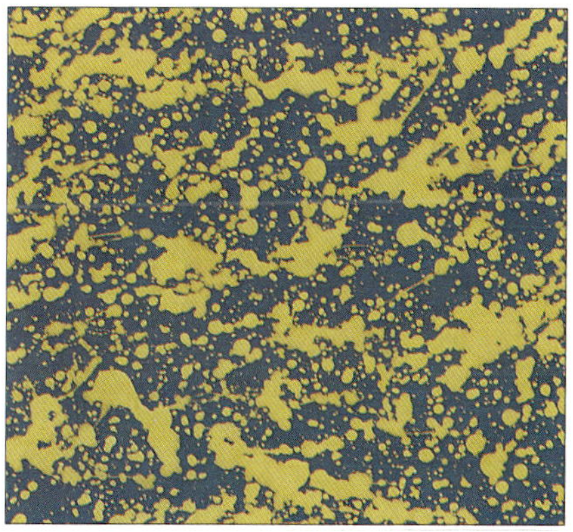

turquoise avec vert-jaune

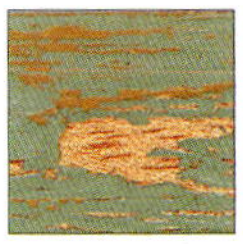

VIEILLISSEMENT

Le vieillissement est une manière de vieillir une peinture en créant les écailles et les rayures qui se produisent naturellement sur un meuble peint avec l'usure et le temps. Les deux matériaux employés sont la paraffine (en fait de la bougie) et la vaseline. Ils créent une barrière entre le fond et la peinture ; une fois que la peinture a séché, elle est éliminée des zones où le médium a été appliqué. La qualité du vieillissement dépend du soin avec lequel on a disposé la cire ou la vaseline. Insistez sur les zones dont l'usure est normale, tels que les bords et les coins et autour des poignées ; ainsi, l'effet paraîtra plus naturel. Vous renforcerez l'impression de vieillissement en travaillant sur plusieurs couches de couleurs. Les peintures utilisées étant à base aqueuse (vinyle, acrylique), il faudra vernir la surface pour assurer la longévité de l'effet.

UTILISER LA CIRE

La bougie est le moyen le plus facile d'appliquer la cire pour vieillir un élément du mobilier. Elle se manipule bien sur les bords et dans les coins. Si vous comptez passer deux ou trois couches de peinture, vous devrez cirer et frotter après chaque couche. Une fois que vous aurez maîtrisé la technique, c'est une façon économique de vieillir un mobilier à l'aspect neuf.

Vieillissement avec une couche de cire

1 Frottez à la bougie la surface à vieillir dans le sens des veines du bois. Si celles-ci ne sont pas apparentes, frottez dans le sens de la longueur. Insistez sur les bords, où l'usure est la plus naturelle.

2 Passez une fine couche de peinture latex sur toute la surface et laissez sécher.

3 Passez un couteau de peintre pour retirer la peinture. Elle partira facilement dans les zones où la cire a été appliquée, celle-ci agissant comme une barrière et empêchant la peinture d'adhérer à la surface. S'il reste des traces de cire, supprimez-les à l'aide d'un papier de verre à grain fin avant de vernir.

Matériel nécessaire

- bougie
- peinture latex
- brosse plate
- grattoir
- papier de verre à grain fin
- vernis

Vieillissement avec deux couches de cire

1 Si vous souhaitez passer une autre couche de couleur, frottez la surface avec la bougie, comme précédemment. Insistez à nouveau sur les bords. Appuyez assez fort sur la bougie, car vous devrez retirer plus de peinture de la seconde couche pour mettre à nu la première couche et le fond ou le bois.

2 Passez une peinture latex de couleur contrastée sur toute la surface et laissez sécher.

3 Retirez à nouveau la cire au couteau de peintre et mettez à nu la première couche et le fond. Passez le papier de verre pour éliminer les traces de cire. Vernissez pour protéger la surface.

VIEILLISSEMENT À LA CIRE

bleu centaurée sur bois

mauve sur bois

ocre brun sur bois

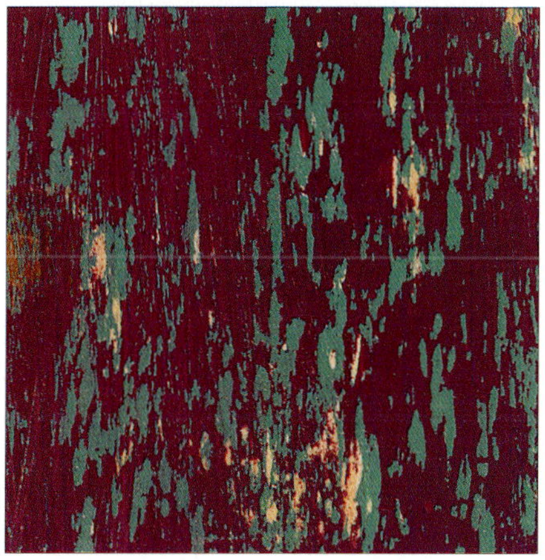

violet sur vert sur bois

jaune pâle sur orange foncé sur bois

orange sur bleu sur bois

À LA VASELINE

Le vieillissement est ici plus spectaculaire qu'avec la paraffine. La vaseline crée une barrière plus importante et des décollements de peinture qui paraissent beaucoup moins grattés qu'avec la paraffine. Vous gagnerez à associer les deux techniques : un vieillissement à la vaseline pour la première couche et à la paraffine pour la seconde.

Matériel nécessaire

- vaseline
- petit pinceau
- peinture latex
- brosse plate moyenne
- grattoir
- eau savonneuse
- vernis

1 Plongez un petit pinceau dans la vaseline et appliquez-la en le tirant dans le sens des veines du bois, dans une couleur appropriée. Si les veines ne sont pas apparentes, travaillez tout de même dans le sens de la longueur de la pièce. Vous pouvez appliquer beaucoup de vaseline mais toujours en taches étirées.

2 Peignez avec précaution par-dessus la vaseline en veillant à ce que celle-ci ne parte pas avec la brosse.

3 Une fois la couche bien sèche, passez le couteau de peintre pour supprimer la vaseline qui forme barrière entre la couche supérieure et le fond.

4 Lavez à l'eau savonneuse, car il est probable qu'une partie de la peinture appliquée sur la vaseline n'aura pas complètement séché et que vous n'aurez pas retiré toute la vaseline présente en surface avec le grattoir.

5 Quand c'est bien sec, frottez la surface avec une bougie et repeignez comme précédemment. (Vous pouvez passer une autre couche de vaseline, comme précédemment pour la première couche, mais l'effet obtenu sera moins délicat.)

6 Lorsque la peinture est sèche, passez le couteau de peintre. Essuyez pour enlever toutes les écailles, puis vernissez pour protéger la surface.

À DROITE : donnez un aspect ancien à une vieille table de brocante en la vieillissant grâce à une couche de peinture bleu clair sur le bois.

VIEILLISSEMENT À LA VASELINE

bleu sur jaune sur bois

mauve sur bleu sur bois

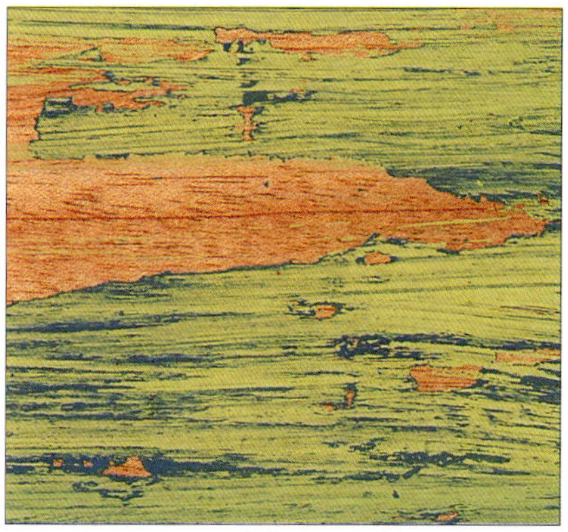

vert sur bleu sur bois

orange sur jaune sur bois

violet sur rouge sur bois

bleu sur orange foncé sur bois

EFFETS D'ANCIEN ET D'ÉPOQUE

Ces deux procédés visent à vieillir un meuble à l'aspect trop neuf et trop parfait. Certains effets sont plus spectaculaires que d'autres, certains conviennent mieux aux surfaces peintes qu'à celles en bois naturel, et parfois l'emploi des deux techniques à la fois donne d'excellents résultats. Exercez-vous sur une partie non visible du meuble (par exemple l'arrière ou le dessous) avant de vous attaquer aux parties visibles.

En général, l'effet d'ancien ajoute une touche de vieillissement à la surface traitée, tandis que l'effet d'époque est plus délicat et raffiné, mieux adapté aux petits accessoires décoratifs, tels les cadres de tableaux.

EFFETS D'ANCIEN

Les trois effets présentés conviennent à une surface déjà peinte. Vous pouvez les associer pour donner un aspect ancien, plus authentique, à un meuble neuf, peint, mais n'exagérez pas trop l'effet.

Matériel nécessaire

- peinture à l'huile (terre d'ombre)
- térébenthine
- pot de peinture
- pinceau fin
- brosse à jeter

Faire des taches

1 Mélangez la peinture à l'huile terre d'ombre à la térébenthine en une solution diluée dans le pot. Éclaboussez légèrement la surface avec le pinceau pour faire des petits points.

2 Pendant que les points sont encore frais, passez dessus une brosse sèche dans le sens du bois. Cette technique rajoutera des taches au hasard, participant à l'effet de vieillissement.

Donner un aspect plus ancien

1 Supprimez çà et là des bandes de peinture de la surface du meuble à l'aide d'un décapeur thermique et d'un couteau américain.

2 Après avoir retiré les écailles de peinture, lissez à la paille de fer pour donner un aspect ancien à ce qui reste de peinture.

Matériel nécessaire

- décapeur thermique
- couteau américain
- paille de fer

Donner un aspect plus écaillé

Matériel nécessaire

- couteau américain
- papier de verre à grain fin
- vernis

1 Passez le couteau sur la surface nouvellement peinte pour en retirer des petits morceaux.

2 Estompez l'effet au papier de verre, en vous concentrant sur les bords, puis essuyez avec un chiffon humide. Après séchage, appliquez un vernis de protection.

À DROITE : vous pouvez donner un bel aspect rustique à un miroir en le traitant à l'ancienne. Il suffit de retirer quelques éclats de peinture de la couche supérieure pour que son aspect change du tout au tout.

DORURE

La dorure est une finition séduisante qui rehausse et apporte une touche de luxe aux meubles ou aux petits objets sur lesquels on l'applique. La technique consiste à poser une mince feuille d'or sur une couche de fond, puis à la brunir et à la polir pour lui donner une finition brillante ou satinée. L'enduit aide la feuille d'or à adhérer. Il faut d'abord préparer la surface en la ponçant ou en la talquant. Sur les petites surfaces où la dorure disparaît en frottant, la couleur de la couche de fond se voit à travers et apporte une certaine profondeur à l'effet.

Les matériaux nécessaires à la dorure se trouvent dans les boutiques d'arts graphiques. Comme la feuille en vrai or est très chère, vous pourrez vous rabattre sur la feuille de métal hollandaise (alliage de cuivre et de zinc), surtout si vous êtes débutant. Cet alliage produit le même effet mais comme il ternit, il faut donc le vernir.

Matériel nécessaire

- pinceaux et brosses
- primaire d'accrochage acrylique
- sous-couche laque grise
- peinture laquée (vert foncé)
- chiffons doux
- talc
- ficelle
- enduit à dorer à l'eau
- feuille d'or ou d'alliage cuivre-zinc
- palette à dorer
- couteau à dorer ou couteau à palette
- pointe à dorer
- vaseline
- coton
- brosse à polir
- laine d'acier
- alcool à brûler
- bourre
- cire liquide

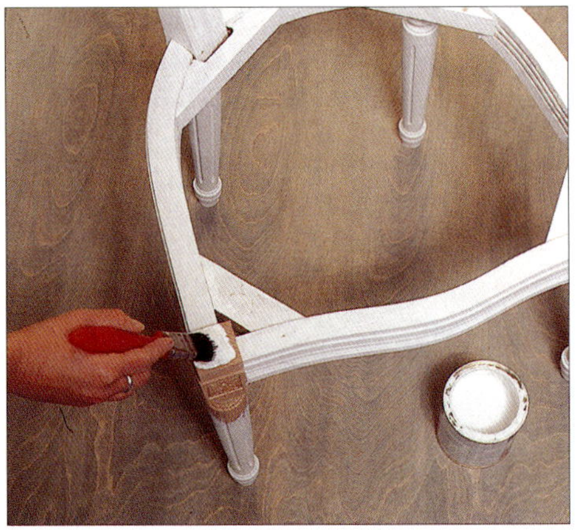

1 Passez un primaire d'accrochage acrylique sur le bois à dorer. Laissez sécher deux heures environ.

2 Passez une sous-couche de laque grise. Laissez sécher au moins quatre heures.

3 Passez une ou deux couches de laque vert foncé. Laissez sécher six à huit heures au moins, ou toute une nuit si possible.

4 Remplissez de talc un chiffon que vous ficelez ensuite pour faire une sorte de tampon à poncer. Poncez ou dépolissez les zones à dorer en tamponnant la poche sur la surface pour créer un fin saupoudrage. Éliminez tout excès de talc.

À gauche : des pots de fleurs dorés constituent des récipients attrayants pour des fleurs coupées ou séchées.

5 Passez une fine couche d'enduit à dorer à base d'eau sur les parties à dorer. Attendez 20 à 30 minutes que l'enduit devienne clair et collant.

6 Soulevez une feuille à dorer avec la palette à dorer, coupez-la en petits morceaux, si nécessaire, avec le couteau à dorer. Passez de la vaseline sur le côté intérieur de votre avant-bras et passez légèrement la pointe sur la vaseline. Utilisez ensuite cette pointe à dorer pour lever la feuille d'or.

7 Posez la feuille sur l'enduit et pressez-la doucement avec des morceaux de coton. Continuez jusqu'à couvrir toute la surface enduite de feuilles d'or. Brunissez à la brosse à polir ou avec un chiffon doux pour retirer l'excès de feuille d'or.

CI-DESSOUS : cette chaise de style Louis XIV a été partiellement dorée.

8 Plongez un morceau de laine d'acier dans l'alcool à brûler et tamponnez légèrement les détails pour retirer les petits morceaux de feuille d'or.

9 Formez un tampon de coton avec de la bourre à l'intérieur. Imprégnez la bourre de quelques gouttes de cire, refermez le chiffon et frottez les dorures.

VERRE TEINTÉ

Vous pouvez facilement décorer les récipients en verre les plus ordinaires en les peignant à la main avec des peintures spéciales pour le verre. Choisissez des couleurs et des motifs décoratifs existants qui se marient avec vos porcelaines et rideaux, ou bien créez vos propres motifs. Un autre procédé intéressant consiste à faire de la fausse gravure sur verre en dépolissant la surface du verre pour dessiner des motifs. Les peintures pour verre et la crème à graver se trouvent dans les boutiques d'arts graphiques.

VERRE GRAVÉ

Créez votre dessin ou vos motifs en masquant le verre avec du vinyle autocollant. La pâte à graver attaquera la surface du verre non protégée par l'autocollant et produira un effet dépoli.

Matériel nécessaire

- vinyle autocollant
- ciseaux
- gants de caoutchouc
- crème à graver
- brosse plate de 2,5 cm
- chiffon propre en coton

1 Dessinez vos motifs sur l'autocollant et découpez-les. Répartissez-les harmonieusement sur le verre, puis retirez le papier de protection de l'autocollant et collez les motifs.

2 Enfilez des gants de caoutchouc, puis passez à la brosse la crème à graver uniformément sur le verre. Vérifiez que la couche n'est pas trop mince, car sinon l'effet sera raté. Laissez sécher 3 minutes.

3 Après avoir nettoyé la crème à l'eau courante (en conservant les gants), essuyez tout résidu et rincez de nouveau. Retirez les motifs et lavez à nouveau le verre. Essuyez-le avec un chiffon en coton bien propre.

À GAUCHE : cadres en verre peint.

VERRE PEINT

Ne décorez que des objets en verre uni et ajoutez autant de décorations et de couleurs que vous souhaitez.

Matériel nécessaire

- salière et poivrière en verre
- peinture de contour (deux couleurs)
- peintures pour verre (différentes couleurs)
- brosses moyennes
- vernis clair

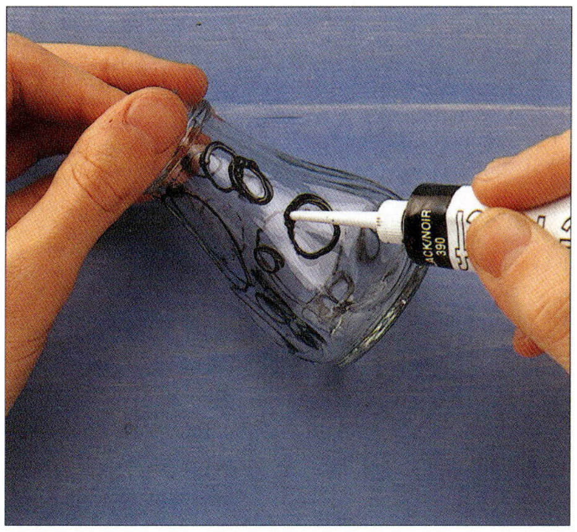

1 Commencez par dessiner des cercles irréguliers sur les petits récipients avec de la peinture noire épaisse.

2 Quand les lignes sont complètement sèches, coloriez l'arrière-plan avec la peinture sur verre.

3 Remplissez les cercles de peintures avec des couleurs différentes ou avec une seule couleur différente.

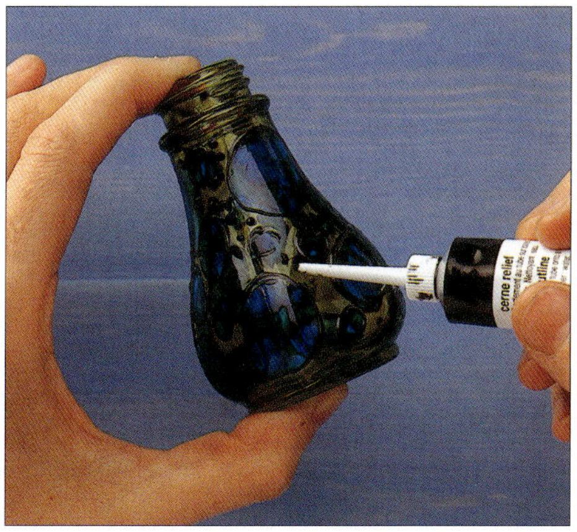

4 Faites des points de peinture noire épaisse à l'arrière-plan pour donner du relief.

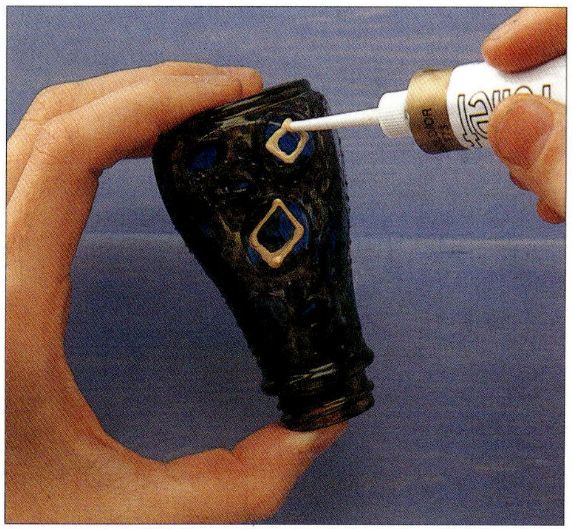

5 Après séchage complet, peignez des carrés au-dessus des cercles avec de la peinture épaisse dorée.

6 Laissez sécher les récipients pendant au moins quatre heures, puis passez le vernis clair.

À DROITE : les objets en verre à décorer sont très divers. Des cercles et des carrés peints en noir forment d'étonnants contours.

MOTIFS

Il existe de nombreuses façons de reproduire un dessin décoratif, que ce soit à main levée ou à l'aide d'un patron. Avec le pochoir et le tampon, vous pouvez apporter une touche personnelle à vos projets, en choisissant parmi les multiples modèles disponibles dans le commerce ou en dessinant et en découpant vos propres pochoirs et tampons. Les frises classiques restent indémodables et les motifs en damier sont une manière amusante de marier des couleurs.

POCHOIR

Le pochoir est un des effets les plus populaires : ses possibilités décoratives sont infinies. C'est le moyen idéal de créer une frise intéressante ou de décorer tout une surface en utilisant des motifs en rapport avec le reste de la pièce. Le pochoir permet d'harmoniser mobilier et accessoires en faisant ressortir certains détails dans des couleurs identiques ou contrastées. Dans certains cas, on pourra même partir des motifs et couleurs d'un pochoir pour extrapoler l'ensemble de la décoration d'un intérieur. Efforcez-vous de marier des groupes de couleurs riches, comme une association de fauve, de rouge foncé et de violet.

matériel nécessaire

- éponge
- peinture latex (trois couleurs)
- règle
- niveau à bulles
- crayon
- ruban de masquage
- colle en spray
- papier millimétré
- carton à pochoir ou en acétate
- deux motifs de pochoirs
- brosse à pochoir et pinceau fin

1 Passez la première couleur sur tout le mur avec une grosse éponge. Laissez sécher. Recommencez avec la seconde couleur pour couvrir le fond.

2 Tracez une ligne de cimaise avec une règle et un niveau à bulles. Collez un ruban de masquage au-dessus. Faites un épongé avec la troisième couleur au-dessous du ruban.

3 Décalquez des modèles héraldiques qui se trouvent à la fin de l'ouvrage et faites-en des pochoirs sur du carton ou de l'acétate. Disposez le pochoir en forme de rosace sur la ligne de séparation et appliquez la troisième couleur avec la brosse à pochoir. Quand le motif est sec, placez la fleur de lis à côté de la rosace et peignez-la dans la couleur de la couche de fond. Alternez les pochoirs pour faire une frise.

4 Avec les mêmes modèles, faites des motifs clairs. Placez-les au-dessus des motifs peints et, avec une brosse à pochoir, ajoutez des reflets clairs au premier pochoir et des reflets clairs à la troisième couleur sur le deuxième pochoir.

À droite : des murs richement colorés aux motifs héraldiques d'une même tonalité donnent à la pièce une ambiance luxueuse.

5 Retournez le pochoir, placez-le comme un reflet sous le premier motif. Passez au pochoir la rosace dans la couleur de fond et la fleur de lis dans la troisième couleur.

Ci-dessous : le décor médiéval au pochoir de cette salle à manger s'accorde très bien avec les accessoires dorés, les lourdes étoffes et les candélabres.

6 Comme précédemment, ajoutez des reflets clairs, en utilisant la couche de fond pour les fleurs de lis et la troisième couleur pour les rosaces.

7 Avec un pinceau fin et une peinture de couleur de fond, peignez une mince ligne à l'endroit où les deux différentes couleurs se rencontrent sur le mur. Si vous ne pensez pas pouvoir le faire à main levée, placez deux rangées de ruban de masquage sur le mur en ne laissant qu'un mince espace entre elles. Quand la peinture est sèche, retirez les rubans.

TAMPON

Le tampon est un procédé simple et bon marché. Il suffit de découper des formes en relief sur une mousse de forte densité, et de vous en servir pour passer la peinture. Vous pouvez obtenir des effets assez sophistiqués. Le pas à pas ci-dessous décrit une façon de conférer une touche d'originalité à une pièce en travaillant des panneaux à la feuille d'or. On obtient cet effet en tamponnant le mur d'abord avec un enduit doré, puis en appliquant dessus des feuilles d'or par frottement. L'alliage cuivre-zinc (métal hollandais) est certes moins cher que les vraies feuilles d'or, mais il produit un effet saisissant s'il est associé à des couleurs profondes.

matériel nécessaire

- carton
- règle
- ciseaux
- crayon
- mousse de forte densité
- scalpel
- peinture latex (vert jade et violette)
- éponge ordinaire
- fil à plomb
- mètre à ruban
- minirouleau
- enduit doré
- feuille alliage cuivre-zinc
- brosse souple

1 Découpez un morceau de carton carré 10 x 10 cm. Pour faire un patron de frises murales, dessinez un arc à main levée, du haut du milieu du carton vers le coin du bas.

2 Pliez le carton en son milieu, coupez les deux bouts externes pour obtenir un arc gothique symétrique.

3 Décalquez le modèle proposé à la fin du livre et faites un patron en papier. Transférez le dessin sur un morceau de mousse de forte densité. À l'aide du scalpel, évidez les morceaux de mousse tout autour de la fleur.

4 Appliquez la peinture vert jade à l'éponge. Travaillez en mouvements circulaires. Laissez sécher.

5 Tracez sur le mur une ligne verticale en vous aidant du fil à plomb. Elle commencera à 23 cm d'un coin et fera 1,80 m de longueur.

6 Toujours avec le fil à plomb, tracez des lignes tous les 60 cm.

7 Mesurez 15 cm de chaque côté d'une ligne verticale et tracez deux lignes verticales supplémentaires pour marquer les bords des panneaux sur le mur.

8 Placez le patron en carton en haut du milieu de chaque panneau et dessinez les courbes de l'arc.

9 Trempez le tampon dans l'enduit et imprimez-le sur chaque panneau, en commençant par le haut et en descendant.

10 L'enduit étant encore collant, posez les feuilles d'or en tamponnant leur papier support avec une brosse souple.

11 Une fois le panneau terminé, utilisez la brosse souple pour retirer tout excès d'or.

12 Avec le centre du tampon, remplissez les espaces entre les motifs dorés avec de la peinture violette.

À DROITE : les motifs dorés confèrent un air d'opulence à cette salle à manger.

LIGNAGE

C'est une façon judicieuse de créer des éléments décoratifs très structurés, de mettre en valeur la forme simple d'une pièce ou d'en souligner certaines zones. Ce procédé convient à n'importe quelle surface. Pour que l'effet soit réussi, les couleurs doivent être choisies avec soin. Il existe différents moyens de créer des lignes fines. Le plus simple consiste à utiliser du ruban de masquage. Ainsi, même les débutants peuvent réussir leurs lignes. Les pinceaux de peintre en lettres, aux longues soies, sont les meilleurs, dans la mesure où ils se chargent bien en peinture et tracent des lignes parfaites ; toutefois, il faut avoir une main ferme et une grande pratique. Les pinceaux à soies coudées retiennent une bonne quantité de peinture et produisent une ligne mince, mais vous devez maintenir une pression constante, sinon l'épaisseur de la ligne variera.

matériel nécessaire

- crayon
- règle
- ruban de masquage
- peinture (deux couleurs)
- large brosse
- petit pinceau

1 Passez une couche de fond, puis une seconde pour que le mur soit complètement couvert.

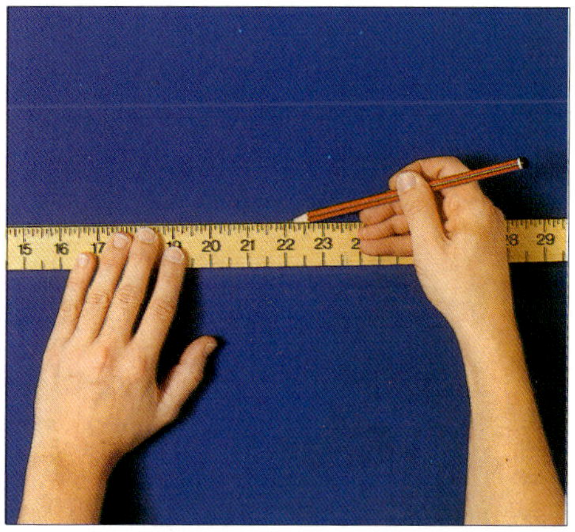

2 Tracez une ligne avec la règle et le crayon.

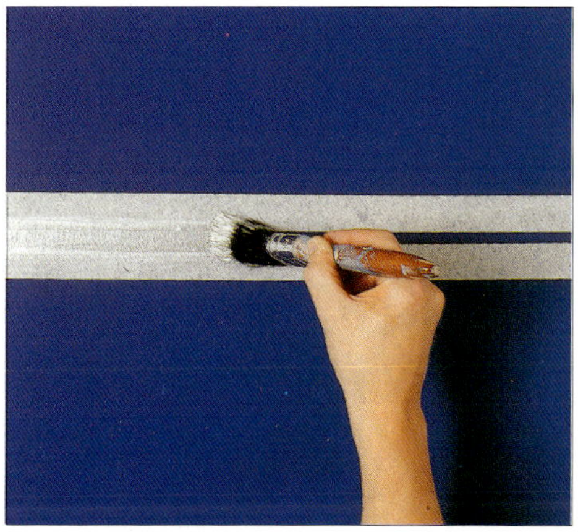

3 Posez du ruban de masquage des deux côtés de la ligne pour créer une bande mince régulière. Assurez-vous que le ruban est bien à plat sur toute la surface (sinon la peinture va couler par-dessous). Peignez la ligne avec la seconde couleur.

4 Une fois la peinture parfaitement sèche, retirez délicatement le ruban de masquage pour dévoiler la ligne.

À DROITE : les filets utilisés pour décorer la carrosserie de certaines voitures permettent de créer des lignes très fines et régulières. Employez-les si vous ne souhaitez pas manipuler un pinceau.

BANDES

Les bandes sont un des grands classiques de la décoration. Il en existe de toutes sortes. Vous pouvez varier leur largeur pour créer bon nombre d'effets. Si vous souhaitez un aspect symétrique, classique, vous devez mesurer avec précision l'espace à peindre afin que les bandes tombent correctement. N'hésitez pas à réaliser une épure de la pièce à l'échelle, sur une feuille de papier, avant de commencer.

matériel nécessaire

- peinture latex (deux couleurs)
- rouleau
- cuvette
- crayon
- ruban de masquage
- glacis acrylique
- bas Nylon en guise de chiffon
- carton

CI-DESSOUS : de larges bandes donnent une touche chic à une cuisine moderne.

1 Peignez les murs au rouleau. Faites une marque au crayon au milieu du mur le plus large, sous la cimaise (s'il y en a une), puis des marques de 7,5 cm de chaque côté du milieu, et tous les 15 cm. Continuez tout autour de la pièce, jusqu'à atteindre le coin le moins visible.

2 Tendez un fil à plomb de courte longueur à partir de l'une des marques, puis tracez un point au crayon à son extrémité. Tenez le fil à plomb sur ce point et tracez un point à son extrémité. Répétez l'opération sur tout le mur, toujours au-dessous de la cimaise.

3 Commencez par le milieu du mur. Posez du ruban de masquage des deux côtés des bandes de 15 cm, en suivant les points faits avec le fil à plomb. Faites de même pour les autres rangées de bandes.

4 Diluez un peu de la seconde couleur avec environ 25 % d'eau et 25 % de glacis acrylique. Passez ce mélange sur la première bande. Terminez chaque bande en deux ou trois fois selon la hauteur de la pièce. Joignez les raccords pour un résultat uniforme.

5 Tamponnez la peinture fraîche avec le bas Nylon pour lisser les traces de brosse. Achevez toutes les bandes, retirez le ruban de masquage et laissez sécher.

6 Découpez dans un carton un triangle ayant une base de 15 cm et une hauteur de 10 cm. La pointe du triangle marquera le centre des bandes.

7 Travaillez sur une bande à la fois. Posez du ruban de masquage des deux côtés du triangle à partir du sommet. Passez une seconde couleur de peinture dans ce triangle. Tamponnez avec le bas Nylon, comme à l'étape 5. Laissez sécher et répétez l'opération pour les autres bandes.

8 Diluez une partie de la seconde couleur avec 20 % d'eau. Passez-la sur le mur en variant les directions, pour colorer légèrement les premières bandes.

9 Ajoutez un peu de peinture au reste du mélange dilué pour renforcer la teinte. Protégez le mur peint avec un cache ou une bande de carton et passez une couche de peinture sur la cimaise.

Ci-dessous : la rigueur des bandes est atténuée par leur couleur lumineuse.

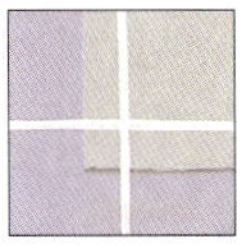

TARTAN

Il peut être intéressant de créer un motif évoquant le tissu écossais. On peut obtenir une infinité de combinaisons en faisant se chevaucher différentes grilles de couleur et en variant la largeur des lignes. Pour vous faciliter la vie, reproduisez cependant le dessin d'un coussin ou d'une couverture en tissu écossais qui se trouvent certainement dans votre armoire. Pour l'organisation générale de votre travail, tenez compte de la largeur des bandes : si elles sont trop proches, l'effet général paraîtra chargé ; à l'inverse, si elles sont trop espacées, il apparaîtra pauvre.

Les traditionnelles couleurs de tartan qui s'harmonisent le mieux sont : un fond vert jade avec des verts moyens (ni clairs ni foncés) ; un fond bleu marine avec un bleu pâle et un jaune pâle ; un fond rouge avec un vert foncé et un jaune ; un fond gris avec du lilas et du blanc ; un fond jaune pâle avec un bleu pâle et un bleu marine ; ou un fond gris-vert avec un vert thé et un rouge foncé.

matériel nécessaire

- peinture latex (trois couleurs)
- brosse à jeter
- cuvette
- crayon
- fil à plomb
- règle
- minirouleau
- pinceau long et pointu

1 Passez la couche de fond. Assurez-vous que la peinture recouvre bien le mur, deux couches étant presque toujours nécessaires.

2 Tracez une grille à l'aide du crayon, du fil à plomb et de la règle. En traçant cette grille, tenez compte de la largeur du rouleau que vous utiliserez.

3 Appliquez la deuxième couleur sur le rouleau et passez-le sur un côté des lignes tracées. Laissez sécher.

4 Tracez une grille pour les lignes minces, en vous servant de la règle et du crayon.

5 Mélangez la troisième couleur avec un peu d'eau jusqu'à ce qu'elle forme une crème fluide. Avec un pinceau long et pointu, peignez les lignes fines dans un seul sens. Laissez sécher.

6 Complétez le motif en ajoutant les lignes croisées.

À droite : il n'est peut-être pas nécessaire de décorer de cette façon la totalité des pans de murs de la pièce. Fondez-vous sur la ligne d'appui de fenêtre et créez ainsi un effet de cimaise.

TARTAN

vert jade avec vert moyen

gris avec lilas et blanc

rouge avec vert foncé et jaune

bleu marine avec bleu et jaune pâles

jaune pâle avec bleu marine et bleu pâle

vert olive avec crème et rouge

CARREAUX IMPRIMÉS

De simples carrés peints, imitant le carrelage, constituent une façon originale et économique de décorer un mur. On séparera les dessins des carreaux avec une bande très fine qui sera retirée une fois l'effet obtenu pour imiter les joints. Laissez quelques carrés unis, mais ajoutez des effets aux autres en les traitant à l'éponge ou au tampon avec un bas en Nylon en guise de chiffon. Essayez différentes couleurs pour créer vos propres motifs ou laissez quelques carrés blancs pour le contraste. Vous pouvez produire un effet mosaïque en traçant et en masquant un grand nombre de petits carrés avec de la bande fine, avant d'appliquer la seconde couleur.

matériel nécessaire

- peinture latex (blanche et une seconde couleur)
- rouleau de peinture
- cuvette
- règle
- crayon
- niveau à bulles
- ruban de masquage fin
- ruban de masquage large
- éponge
- papier absorbant
- bas Nylon
- brosse

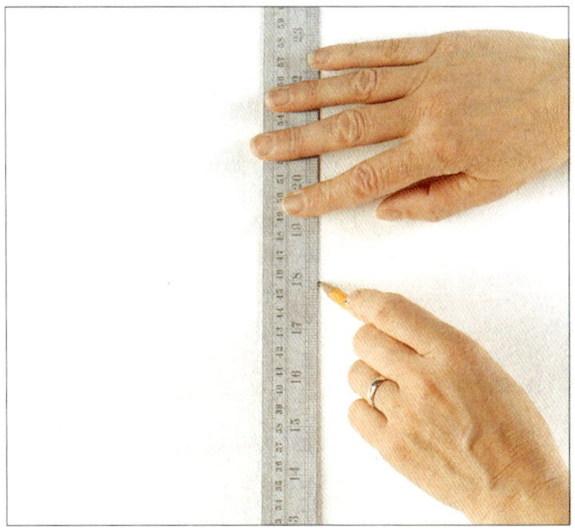

1 Peignez le mur à décorer en blanc, au rouleau. Décidez de la largeur des carreaux. Marquez le mur à 45 cm au-dessus de la surface à travailler en partant du centre de la zone à décorer.

2 À l'aide du niveau à bulles, tracez une ligne horizontale à cette hauteur. Posez un ruban de masquage au-dessus de cette ligne.

3 Marquez des points tous les 15 cm le long de ce ruban et de chaque côté de la marque centrale. En vous aidant du niveau à bulles, tracez des lignes verticales jusqu'au bas du mur. Faites des marques tous les 15 cm le long des verticales, et joignez-les pour tracer des lignes horizontales.

À gauche et à droite : cet effet de carrelage est employé dans les cuisines et les salles de bains. Ce carrelage peint a le même aspect que le vrai et il est plus facile à réaliser.

4 Posez un fin ruban de masquage le long des lignes dans les deux sens. Pressez-le bien avec vos doigts pour qu'il s'infiltre légèrement dans la peinture.

5 Collez du ruban de masquage large autour de chaque carré. Versez la deuxième couleur diluée avec 25 % d'eau dans le bac du rouleau. Passez une couche uniforme dans le carré. Répétez l'opération sur tous les carrés à traiter de la sorte.

6 Délimitez un carreau à traiter à l'éponge. Plongez-la dans la deuxième couleur. Éliminez l'excès de peinture avec du papier absorbant. Passez l'éponge sur le carré. Répétez l'opération sur les carrés devant être traités de la sorte.

7 Délimitez un carreau à traiter au chiffon avec le bas Nylon. Commencez par le peindre à la brosse, puis passez le bas pour égaliser la peinture. Répétez l'opération pour tous les carrés à traiter de la sorte.

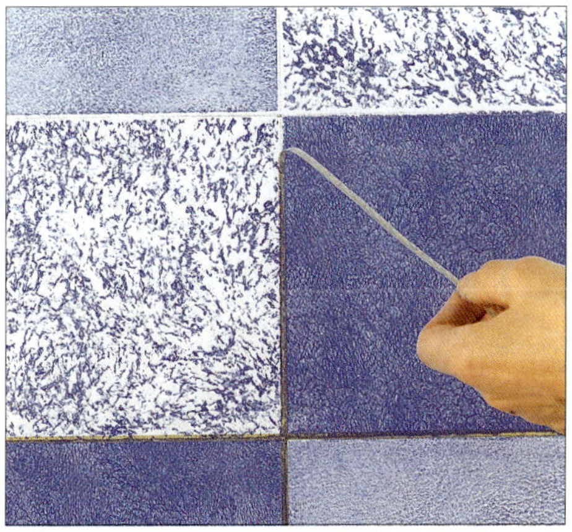

8 Retirez tous les rubans de masquage et gommez les traits de crayon.

MAIN LEVÉE

Les surfaces réduites peuvent être peintes à main levée. Parfois, les débutants ont du mal à choisir quels objets peindre : vous trouverez ci-dessous une idée de décoration pour une table en bois blanc et son tiroir, décoré d'une simple frise de feuilles dans une couleur en harmonie. Si le bois est brut, poncez-le d'abord avec un papier de verre à grain fin et passez un primaire d'accrochage. Ce style convient aussi à un plateau ou à des boîtes en bois. L'idée de départ peut s'appliquer à des dessins abstraits aux couleurs audacieuses.

matériel nécessaire

- laine d'acier
- gants de caoutchouc
- peinture latex (jaune foncé, gris-vert, blanc, vert moyen, vert tendre)
- brosse plate
- glacis
- pinceau long et pointu
- vernis acrylique

1 Poncez la table avec de la laine d'acier (portez des gants de caoutchouc). Attention à ne pas émousser les angles !

2 S'il y a des moulures (autour du plateau de la table et du panneau de tiroir), peignez-les en premier avec la peinture jaune foncé.

3 Peignez le reste de la table avec deux couches de peinture gris-vert. Laissez la peinture sécher entre les deux couches.

4 Remettez les gants et poncez le plateau à la laine d'acier.

5 Mélangez à parts égales glacis et peinture blanche. Appliquez-en un peu sur la couche gris-vert avec une brosse sèche, en passant de légers coups de brosse en diagonale et en variant les angles d'attaque de la brosse pour égaliser.

CI-CONTRE : ce simple petit motif transforme une table en bois blanc en un joli meuble décoratif.

6 Mélangez à parts égales peinture jaune foncé et glacis. Passez le mélange sur les moulures.

7 Appliquez de légères touches de vert moyen sur les parties qui s'usent le plus, tels les coins supérieurs des pieds de table et au-dessous. Laissez sécher, puis poncez à la laine d'acier.

8 Peignez les volutes des feuilles autour des bords du tiroir en vert tendre avec un pinceau long et pointu. Rehaussez les tiges et les veinures des feuilles en vert moyen par des petits coups de pinceau.

9 Toujours avec le pinceau fin, rehaussez le dessin des feuilles avec de la peinture blanche et jaune.

10 Protégez la table avec une couche de vernis acrylique.

EFFETS DE FAUX

Les techniques d'imitation des matériaux sont à la fois agréables à exécuter et très gratifiantes. Dans les pages qui suivent sont détaillées un certain nombre de finitions imitant le bois ou la pierre avec des peintures à l'huile d'artiste, dont le temps de séchage laisse tout loisir de travailler l'effet ; leurs couleurs sont intenses et transparentes. On imite le métal avec des peintures satinées, alors que les émulsions acryliques permettent de reproduire les empreintes animales et les décorations en trompe-l'œil.

LA LOUPE D'ÉRABLE

Le grain de la loupe d'érable est particulièrement agréable. Très à la mode dans les années 1930, ce bois sert surtout en parqueterie et dans la fabrication de meubles précieux. Si vous souhaitez recréer l'ambiance des années folles, cet effet de faux est idéal. La tonalité de ce bois est un jaune délicat. La couleur de fond sera donc le jaune pâle. Les loupes sont caractéristiques de l'érable. Elles sont faciles à imiter avec les doigts. Exercez-vous d'abord sur une petite zone avant d'attaquer des surfaces plus importantes.

Matériel nécessaire

- peinture satinée ou brillante (jaune pâle)
- peinture à l'huile d'artiste (jaune de Naples et blanc métallique)
- essence de térébenthine, white-spirit
- pot pour les mélanges
- brosse plate
- grande brosse plate (spalter)
- vernis

1 Appliquez deux couches de fond de peinture jaune pâle (satinée ou brillante). Laissez bien sécher. Ajoutez une touche de blanc métallique au jaune de Naples et délayez avec de l'essence de térébenthine jusqu'à obtenir la consistance d'une crème épaisse. Appliquez sur la surface.

2 Réalisez un glacis en tirant régulièrement la peinture diluée avec la même brosse qu'à l'étape 1.

3 Pour créer le motif dans la peinture encore fraîche, exercez une pression sur la brosse en décrivant en même temps des zigzags en bandes parallèles.

4 Pour ajouter les loupes de l'érable, posez le doigt dans le glacis frais sur les lignes de démarcation du motif.

5 Laissez sécher deux heures, puis estompez délicatement avec la brosse large (spalter), par petites touches. Vernissez après séchage.

À DROITE : ces plats sont décorés de fausse loupe d'érable. On a appliqué une peinture à l'huile ocre jaune sur un fond satiné ou brillant. La surface est protégée par une couche de vernis incolore.

LE CHÊNE

Le chêne, le bois classique par excellence, sert aussi bien pour la fabrication des meubles que pour celle des boiseries. Vous découvrirez ici comment transformer un bois blanc bon marché ou du sapin ordinaire en chêne foncé. Si vous devez peindre un bois nu, n'oubliez pas de passer un primaire d'accrochage avant d'entamer la réalisation du faux bois. Ce faux nécessite un tampon à bascule pour imiter le bois et un peigne à veiner pour recréer le grain de celui-ci (vous les trouverez dans les magasins spécialisés).

Matériel nécessaire

- peinture brillante ou satinée (beige)
- brosse plate
- peinture à l'huile (terre d'ombre brûlée)
- essence de térébenthine, white-spirit
- peigne à faux bois à espacement de dents réglable
- pot de peinture
- peigne à dents fines
- tampon pour imiter le bois
- chiffon
- large brosse plate
- vernis

1 Passez deux couches de peinture beige (brillante ou satinée) comme couches de fond. Laissez bien sécher.

2 Diluez la peinture terre d'ombre brûlée avec de l'essence de térébenthine dans un petit pot jusqu'à obtenir la consistance d'une crème épaisse. Travaillez toujours dans la même direction.

3 Tirez le peigne vers le bas de telle sorte que les lignes soient un peu irrégulières et semblent s'entrechoquer.

4 Avec le tampon à faux bois, attaquez-vous au grainage du bois. Tirez l'outil de haut en bas, délicatement, en lui donnant un léger mouvement de bascule pour créer des ovales irrégulièrement espacés. Faites se chevaucher les lignes.

5 Donnez un coup de peigne à dents fines sur le peignage réalisé précédemment.

6 Enroulez un chiffon sur le peigne et appliquez-le, par petites touches, sur la surface pour créer un grain en diagonale sur la peinture fraîche. Adoucissez avec la grande brosse à sec. Vernissez après séchage.

CI-DESSOUS : ce buffet récupéré dans une brocante a été mis en valeur à peu de frais en le peignant en faux chêne. On a utilisé ici une terre de Sienne brûlée pour lui donner un aspect plus chaud.

L'ACAJOU

Ce très beau bois dur à la riche couleur chaude convient à la plupart des styles d'intérieur, classiques ou modernes. Il fut très à la mode dans la seconde moitié du XIXe siècle, où il s'accordait avec les meubles et tissus foncés en vogue à l'époque. L'acajou est aujourd'hui un bois rare et donc cher. D'où l'intérêt de pouvoir le peindre pour vous-même. Exercez-vous sur des chutes de bois jusqu'à obtenir l'effet souhaité. Vous ne pourrez vous attaquer à des meubles qu'une fois la technique maîtrisée.

Matériel nécessaire

- peinture satinée ou brillante (marron-rose)
- peinture à l'huile (terre de Sienne brûlée, cramoisie et terre d'ombre brûlée)
- essence de térébenthine, white-spirit
- pot à mélange
- brosse ronde (10 mm) et spatler
- vernis

CI-DESSOUS : obtenez une finition acajou plus foncée avec une couche de fond rouge au lieu de rose foncé. Les tonalités de cette chaise sont dues aux huiles à base de terre de Sienne brûlée et de terre d'ombre brûlée.

1 Passez deux couches de fond à base de peinture marron-rose brillante ou satinée et laissez sécher. Ajoutez une touche de cramoisi à un peu de peinture terre de Sienne brûlée. Mélangez à de l'essence de térébenthine pour obtenir une crème épaisse. Appliquez en coups de brosse croisés.

2 Mélangez la terre d'ombre brûlée avec un peu d'essence de térébenthine jusqu'à obtenir une consistance de crème épaisse. Bouchez les trous en donnant de longs coups de brosse croisés.

3 Estompez l'effet général en tapotant l'extrémité des soies de la brosse à sec.

4 Tirez la peinture avec un spatler tenu parallèlement à la surface, et décrivez des arcs de cercle. Employez la terre d'ombre brûlée en milieu de panneau. Avant séchage complet, donnez quelques coups avec la brosse sèche dans un même sens. Vernissez après séchage.

LE HÊTRE

Le hêtre est un bois clair dont les veines sont assez droites ; un grain serré lui confère un aspect solide. Il n'est devenu à la mode que depuis quelques années. Il sert à faire des meubles et des accessoires d'ameublement comme des plateaux et des cadres. Sa couleur est tendre et chaude, souvent mate ; apaisante et sobre, elle apporte une note de clarté dans la maison. Comme le chêne, ce bois peut être cérusé ; si vous recherchez cet effet, accentuez la couche de fond pour qu'on puisse la deviner derrière le glacis.

Matériel nécessaire

- peinture satinée (blanche)
- peinture à l'huile (jaune de Naples et blanche)
- essence de térébenthine, white-spirit
- pot à mélange
- brosse plate
- tampon pour imiter le bois
- peigne à denture large
- peigne à denture fine
- vernis

1 Appliquez deux couches de peinture blanche satinée. Laissez sécher. Diluez le jaune de Naples dans un peu d'essence de térébenthine jusqu'à obtenir la consistance d'une crème épaisse. Appliquez ce glacis. Tirez-le en une seule direction.

2 Passez le tampon à faux bois pour commencer à faire le veinage. Tirez l'outil délicatement en le faisant osciller. Réalisez plusieurs bandes espacées sans qu'elles se touchent.

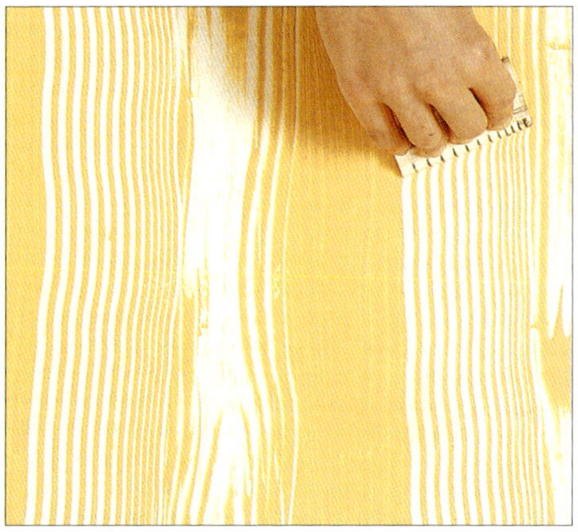

3 Passez le peigne à denture large dans les parties situées entre les bandes de veinage que vous venez de réaliser.

4 Tout en continuant à travailler dans le même sens, atténuez l'effet avec une large brosse à sec. Passez ensuite toute la surface au peigne à denture fine, toujours dans la même direction, pour donner du détail à l'effet. Vernissez après séchage.

À droite : faux hêtre pour plateau de table.

LE PIN

Pour un débutant, la reproduction du grain et celle du fil du bois peuvent sembler des opérations difficiles. Très vite, on s'aperçoit que le plus important est de savoir choisir les couleurs du fond et de la couche de surface. Les seuls outils spécialisés sont le tampon à bascule pour imiter le bois et les peignes à veiner, indispensables pour réaliser les motifs imitant le veinage du bois. On a vite fait d'apprendre à s'en servir. Procurez-vous des chutes de pin pour vous exercer à reproduire avec précision le grain du bois. C'est un bois très répandu et son imitation trouve sa place en de nombreux endroits de la maison.

Matériel nécessaire

- peinture pour bois jaune clair satinée
- peinture à l'huile (ocre jaune et terre d'ombre brûlée)
- essence de térébenthine, white-spirit
- brosse plate
- pot pour les mélanges
- tampon pour imiter le bois
- grande brosse plate
- vernis

1 Passez deux couches de fond de peinture jaune claire sur la surface et laissez bien sécher.

2 Mélangez un peu de terre d'ombre brûlée à la peinture ocre jaune pour salir légèrement la couleur. Diluez le mélange dans un peu d'essence de térébenthine jusqu'à obtenir la consistance d'une crème épaisse.

3 Tirez la brosse dans le sens de la longueur sur la peinture fraîche pour imiter le veinage des planches.

4 Tirez légèrement le tampon pour imiter le bois dans le même sens que précédemment, en le faisant osciller. Juxtaposez les lignes.

5 Pratiquez des marques coniques de-ci de-là entre les veines. Faites-les se chevaucher légèrement.

6 Adoucissez l'effet pendant que la peinture est encore fraîche avec une grande brosse, à sec, en appuyant à peine, toujours dans le sens des veines. Vernissez après séchage.

Ci-dessous : les effets de parquet en bois sont de plus en plus recherchés. Cette technique de peinture est parfaite pour couvrir une surface importante à peu de frais. Ici, le dessin en forme de damier donne une touche intéressante à ce parquet à l'aspect très « nature ».

LA MALACHITE

Ce minéral vert est l'une des plus belles pierres qui soient. Elle a un très beau poli qui la rend idéale pour les petits bibelots. Les veines de la malachite sont circulaires, en forme d'anneau, et sa couleur va du vert clair au vert de Prusse en passant par le vert jade. L'imitation de la malachite est intéressante pour peindre des accessoires d'ameublement, comme les boîtes en bois blanc, les cadres, les lampes de chevet, etc.

Matériel nécessaire

- peinture à l'huile satinée ou brillante (vert jade)
- peinture à l'huile (vert de Prusse et vert Guignet)
- brosse à panneau
- carton carré de 10 cm de côté
- pinceau d'artiste
- vernis incolore

1 Passez deux couches de peinture vert jade satinée ou brillante. Laissez sécher. Appliquez des touches de peinture vert de Prusse non diluée.

2 Remplissez ensuite les endroits où il n'y a pas de vert de Prusse avec du vert Guignet non dilué.

3 Tamponnez la surface par petites touches avec le bout des soies, pour fondre les couleurs et uniformiser l'effet.

CI-DESSOUS : cette boîte hexagonale peinte en vert malachite est très réussie et fera un beau cadeau. On a utilisé des peintures d'artiste : un vert jade, un vert Guignet et un vert de Prusse.

4 Déchirez irrégulièrement un morceau de carton avec lequel vous tracerez dans la peinture encore fraîche des cercles en tremblant la main.

5 Estompez le tracé des cercles qui viennent d'être réalisés sur un bon centimètre. Vernissez après séchage.

L'AGATE

L'agate est une variété de calcédoine. Lorsqu'elle est tranchée et longuement polie, elle révèle des motifs en forme d'anneaux concentriques. Ils varient en fonction du type d'agate, comme l'agate mousse et l'agate sombre. Les agates existent en une grande variété de couleurs, mais la plus commune a des tonalités riches en brun et en ocre. Cette pierre était très en vogue au XIXe siècle dans la bijouterie et dans la marqueterie.

Matériel nécessaire

- peinture satinée ou brillante (blanche)
- peinture à l'huile (jaune de Naples et terre d'ombre brûlée)
- essence de térébenthine, white-spirit
- pot à mélange
- brosse à panneau et grande brosse plate
- éponge et tampon absorbant
- vernis

1 Passez deux couches de fond à base de peinture blanche satinée ou brillante. Laissez sécher complètement. Mélangez une touche de terre d'ombre brûlée à la peinture jaune de Naples jusqu'à obtenir un brun léger. Ajoutez de l'essence de térébenthine jusqu'à ce que la consistance devienne liquide. Passez le mélange sur toute la surface et en le tirant dans une même direction.

2 Tamponnez délicatement certaines zones avec une éponge tant que la peinture est humide.

3 Avec le côté de l'éponge, tirez la peinture vers le bas, sans exercer de pression, mais en inclinant légèrement l'éponge sur la surface. On obtient ainsi un étirement un peu plus marqué qu'à l'étape 1.

4 Pliez le tampon absorbant et tirez-le dans un mouvement légèrement tremblé pour créer un effet ruban.

5 Atténuez l'effet avec la grande brosse plate à sec. Vernissez après séchage.

À droite : une jardinière peinte façon agate.

LA PIERRE DE TAILLE

Dans un intérieur, l'effet « pierre de taille » crée une impression de solidité, de permanence qui est, ordinairement, le propre des vieilles demeures et des châteaux. Deux effets d'imitation pierre vous sont proposés ici. Le premier évoque un empilement de pierres appareillées de façon aléatoire, le second reproduit l'assemblage rigoureux de pierres de taille à bord biseauté, ordonnées de façon régulière.

APPAREILLAGE ALÉATOIRE

Le charme de cette technique doit beaucoup à l'effet tacheté des blocs de pierre. Des irrégularités de surface et des variations de teinte évoquent l'érosion. Peignez des reflets clairs sur les blocs pour leur donner un aspect naturel.

1 Avec la grande brosse plate, appliquez une couche de fond jaune mastic, en larges coups irréguliers pour créer un effet de surface irrégulier. Laissez bien sécher.

Matériel nécessaire

- peinture latex (acrylique ; jaune mastic, blanc cassé et beige)
- grande brosse plate
- carton format A3 (29,7 x 42 cm)
- crayon
- petite brosse plate (2,5 cm)
- pinceau à filet pointu

2 Répétez la première étape avec la peinture blanc cassé mais avec une brosse très peu chargée. Appliquez-la sur toute la surface en croisant les passes, et sans recouvrir complètement la couche de fond.

3 Appliquez le carton sur le mur en commençant par le coin du bas. Tracez au crayon le pourtour afin de délimiter le bloc de pierre.

4 Avec la peinture blanc cassé, ajoutez une note plus claire à gauche et en bas de chaque bloc. Fusionnez le centre avec une brosse à sec.

5 Avec le pinceau à filet chargé de beige, dessinez le contour de chaque bloc en arrondissant les coins. Les bords n'ont pas à être rectilignes.

6 Toujours avec le pinceau à filet, chargé cette fois de peinture blanc cassé, ajoutez un bord clair en haut et sur le côté droit de chaque bloc. Cela peut être fait plus grossièrement que précédemment pour donner du relief à la pierre et imiter la séparation entre les blocs.

À DROITE : pierre de taille dans un vestibule.

APPAREILLAGE RÉGULIER DE PIERRES DE TAILLE

Ici, les blocs de pierre sont taillés au cordeau et ont donc des coins rectangulaires, comme des blocs taillés. Pour s'assurer que les blocs soient réguliers, on utilise une grille. Les bords peints soigneusement, avec des zones claires et sombres, complètent l'effet.

Matériel nécessaire

- éponge
- peinture latex (acrylique ; ton pierre, blanc cassé et beige)
- niveau à bulles
- crayon
- pot à mélange
- colle à papier peint
- brosse d'artiste plate de 1,25 cm

1 Plongez l'éponge dans la peinture ton pierre et passez-la sur le mur en mouvement circulaire, pour créer un effet général marbré.

2 Passez une seconde couche de la même peinture pour combler les vides. Laissez sécher.

3 En vous aidant du niveau à bulles et d'une grande règle, tracez une grille imitant des blocs de pierre taillés régulièrement.

4 Mélangez à parts égales peinture blanc cassé et colle à papier liquide. Avec la petite brosse plate, peignez un trait en haut et à droite de chaque bloc. Laissez sécher.

5 Mélangez à parts égales peinture beige et colle à papier liquide dans un petit pot. Avec la même brosse plate, peignez un trait le long du bas et sur la gauche de chaque bloc, en commençant chaque ligne sur un coin en onglet.

6 Assurez-vous que les coins en onglet sont peints de façon bien nette.

CI-DESSOUS : les accessoires et le mobilier de ce salon complètent parfaitement l'aspect « cathédrale » de cette fausse pierre de taille.

LE GRANITE

Voici un effet agréable à réaliser. Il vous donnera l'impression de vivre dans un vieux château mais avec tout le confort moderne et la chaleur que l'on ne trouve évidemment pas dans les maisons en vrai granite. Si une grande surface peinte en granite vous semble trop présomptueuse, contentez-vous de l'utiliser pour la cheminée.

Matériel nécessaire

- peinture latex (gris clair, gris foncé, noire et blanche)
- colle à papier peint
- pot à mélange
- brosse à panneau
- éponge
- pinceau d'artiste

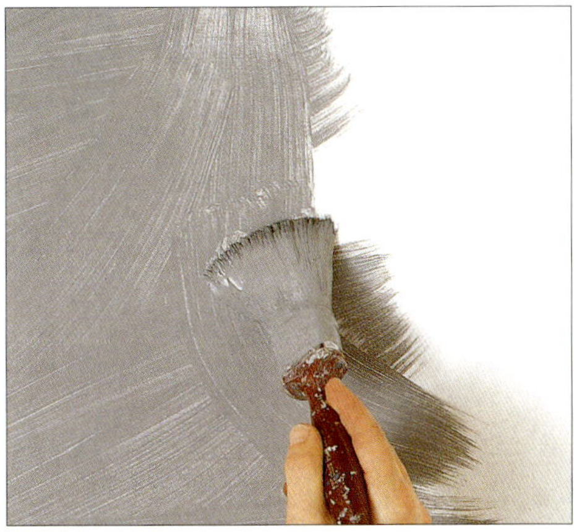

1 Mélangez à parts égales peinture gris clair et colle à papier peint liquide. Passez ce mélange sur la surface.

2 Avec l'éponge, appliquez des petites touches sur toute la surface tant que la peinture est encore fraîche. Laissez sécher.

CI-DESSOUS : pot peint en faux granite, à base de blanc, de noir et de gris.

3 Plongez l'éponge dans le gris foncé. Essorez l'excès et tamponnez légèrement toute la surface jusqu'à obtenir une couleur uniforme.
La couche de fond doit rester visible.

4 Diluez la peinture noire avec de l'eau jusqu'à obtenir la consistance d'une crème épaisse. Plongez-y le pinceau d'artiste et égouttez l'excès. Frappez-le sur le manche d'un second pinceau pour faire des éclaboussures et créer un effet moucheté.

5 Répétez l'étape 4, mais cette fois avec la peinture blanche diluée avec de l'eau. Éclaboussez ensuite toute la surface avec de la peinture gris clair jusqu'à ce que l'effet soit achevé.

L'ÉCAILLE DE TORTUE

Les vraies écailles de tortue ont longtemps servi à fabriquer des petits objets, comme des peignes démêloirs et des barrettes, des boîtes pour travaux d'aiguilles, des cadres, etc. Son apparence est toujours appréciée et la matière plastique a remplacé la véritable écaille. Ce faux est réalisé avec des peintures à l'huile d'artiste travaillées sur une couche de fond à base de peinture satinée métallique pour donner de la profondeur.

Matériel nécessaire

- peinture satinée dorure base
- peinture à l'huile (ocre jaune, terre de Sienne brûlée, jaune de Naples et terre d'ombre brûlée)
- essence de térébenthine, white-spirit
- pot à mélange
- brosse de pouce, brosses plates
- vernis

1 Passez une couche de dorure base à la brosse de pouce et laissez sécher complètement.

2 Diluez la peinture à l'huile ocre jaune avec de l'essence de térébenthine pour obtenir un mélange fluide. Passez-en une couche mince sur toute la surface.

3 Diluez la peinture à l'huile terre de Sienne à l'essence de térébenthine pour obtenir un mélange ayant la consistance d'une crème épaisse. Peignez des taches dans une même direction, en un mouvement en diagonale, sur l'ocre jaune encore frais.

4 Diluez le jaune de Naples jusqu'à obtenir la consistance d'une crème épaisse. Ajoutez des taches jaunes entre les taches terre de Sienne.

5 Égalisez l'effet avec une brosse tirée toujours dans le même sens.

6 Diluez la peinture terre de Sienne jusqu'à obtenir la consistance d'une crème épaisse. Ajoutez des petites taches de ce mélange sur toute la surface. Éclaboussez cette dernière avec un peu de ce mélange et atténuez l'ensemble avec une brosse, toujours appliquée dans la même direction. Vernissez après séchage.

CI-DESSOUS : pour réaliser une imitation plus riche, passez une couche de fond rouge, idéale pour décorer une boîte d'aquarelles.

LE LAPIS-LAZULI

Le lapis-lazuli était apprécié par les anciens Égyptiens qui l'incrustaient dans les objets ornementaux et les amulettes portant le scarabée sacré. De tout temps, les artistes peintres ont broyé cette pierre pour obtenir un pigment d'un bleu magnifique qui formait la base du bleu outremer. On montre ici comment reproduire le lapis-lazuli avec des peintures synthétiques qui ressemblent aux couleurs du vrai minéral.

Matériel nécessaire

- peinture satinée ou brillante (bleu moyen)
- brosse de pouce
- peinture à l'huile (bleu outremer et bleu de Prusse)
- peinture satinée (argent, or et rouge)
- pinceaux d'artiste
- vernis

1 Passez deux couches de peinture bleue, satinée ou brillante et laissez sécher. Déposez ensuite au hasard des touches de peinture bleu outremer non diluée.

2 Appliquez des touches de bleu de Prusse dans les endroits où il n'y a pas de touches de bleu outremer.

3 Tapotez par petites touches toute la surface avec l'extrémité des soies de la brosse pour fondre délicatement les couleurs.

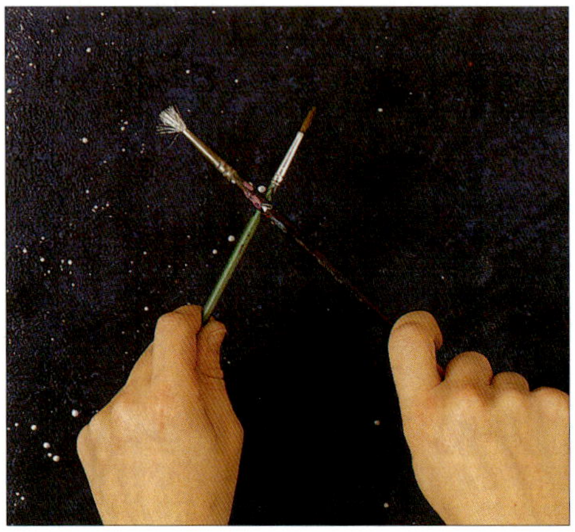

4 Chargez l'un des pinceaux d'artiste de peinture satinée argent. Égouttez l'excès et tapotez le manche de ce pinceau sur celui de l'autre pinceau pour éclabousser la surface déjà peinte.

5 Répétez l'étape 4, cette fois avec la peinture satinée or, en éclaboussant toute la surface.

6 Répétez l'opération précédente avec la peinture satinée rouge. Vernissez après séchage.

À GAUCHE : la base de cette amphore trouvée dans une jardinerie a été peinte en lapis-lazuli ; on a doré le col pour lui donner un aspect ancien. La base bleu outremer rappelle la couleur appréciée dans la haute Antiquité égyptienne.

LE FER FORGÉ

Ici, on a soigneusement mélangé le noir et l'argent pour une imitation réaliste du fer forgé, couleurs qui accrochent la lumière et mettent l'objet en valeur. On utilise les mêmes peintures satinées que celles qui recouvrent le vrai fer forgé pour le protéger. Vous pouvez créer cette illusion sur une grande variété de surfaces, y compris le bois. Prenez soin, cependant, de toujours bien poncer la surface avant de commencer.

Matériel nécessaire

- papier abrasif
- carton ou ruban de masquage
- peinture satinée (noire et argent)
- brosse plate
- épongette

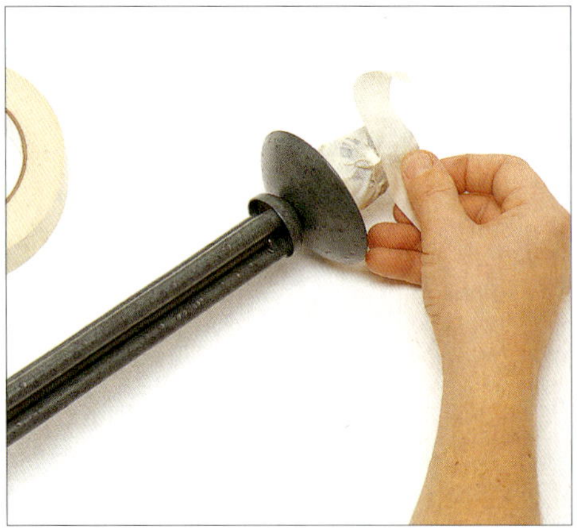

1 Poncez l'objet au papier abrasif. Masquez les parties que vous ne voulez pas peindre.

2 Passez une couche de fond de peinture noire. Laissez bien sécher.

3 Appliquez des touches d'argent sur toute la surface, très légèrement, avec le bout des soies de la brosse.

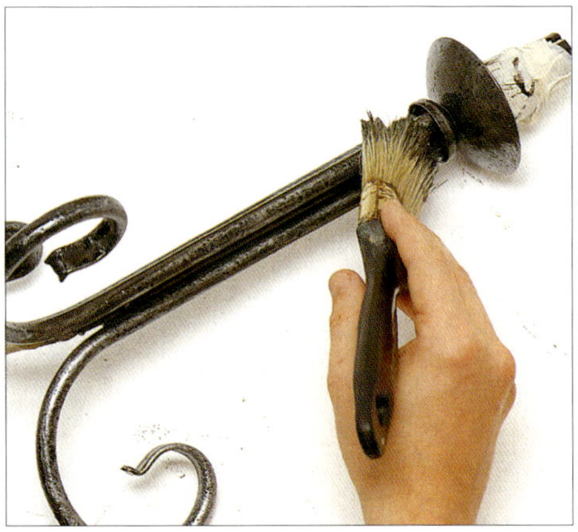

4 Appliquez la peinture satinée noire, toujours très légèrement, en touches irrégulières.

5 Avant que la peinture noire ne sèche, faites un essuyé par endroits avec une épongette pour donner aux zones découvertes un aspect plus brillant.

À GAUCHE : un effet fer forgé donne à cette boîte toute sa personnalité. La sous-couche est gris foncé avec, par-dessus, une couche vieil argent pour une finition métallique plus soutenue.

LE CUIVRE

Les tonalités rouges et chaleureuses, du cuivre sont particulièrement décoratives et conviennent de fait à de nombreux effets décoratifs, quel qu'en soit le style. Le vrai cuivre, cependant, s'oxyde avec le temps et il vire au brun terne, avant de prendre une patine verdâtre appelée vert-de-gris. Vous ne risquez pas ce genre de dégradation en peignant des objets en couleur cuivre : ils resteront éternellement brillants.

Matériel nécessaire

- carton ou ruban de masquage
- papier abrasif
- peinture satinée (cuivre)
- brosse plate
- cire ou peinture pour dorure base cuivre
- chiffon à lustrer

1 Masquez les parties à ne pas peindre. Poncez la surface avec du papier abrasif pour dépolir l'objet et afin que la peinture adhère bien.

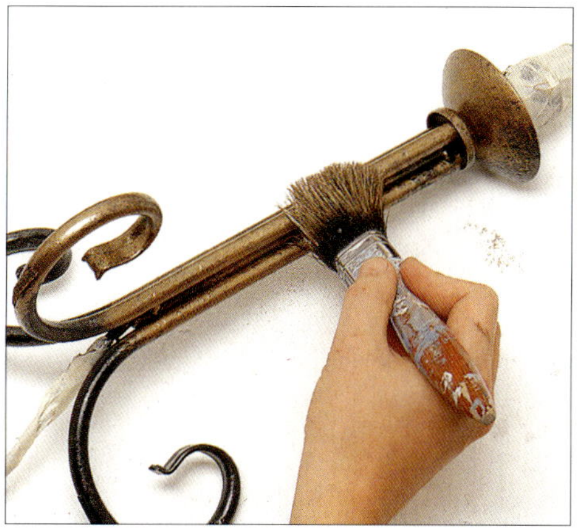

2 Appliquez la peinture satinée cuivre par petites touches, du bout des soies de la brosse. Laissez sécher.

3 Passez la peinture base cuivre à la surface de l'objet.

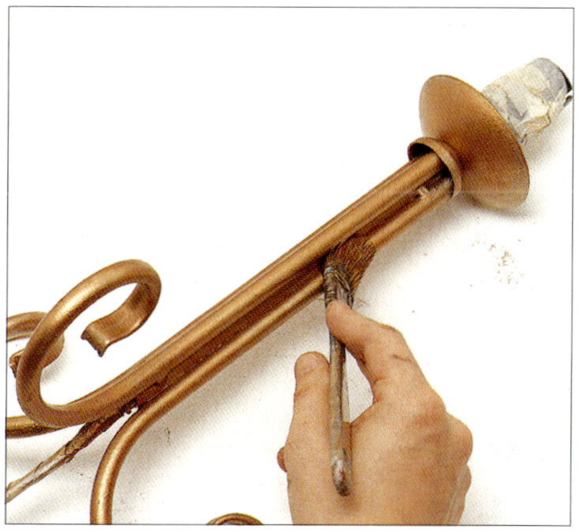

4 Passez une seconde couche, par touches, pour renforcer l'effet.

5 Frottez avec un chiffon doux et sec pour faire briller.

CI-DESSUS : cette assiette plate a été peinte en satiné or, puis pochée au cuivre satiné et enfin passée à la cire pour dorure base cuivre.

L'ÉTAIN

L'étain neuf a généralement un aspect argent brillant, alors que l'ancien possède une patine gris sombre et de jolis reflets lorsqu'il est poli. L'étain était autrefois partout présent dans la maison, sous forme de pichets, de pots et de plats. La technique présentée ici est idéale pour transformer des objets ordinaires en accessoires décoratifs qui apporteront une note ancienne à vos étagères de cuisine.

Matériel nécessaire

- papier abrasif
- ruban de masquage
- peinture satinée (noire, blanche et argent)
- brosse à peindre

1 Poncez l'objet au papier abrasif pour obtenir une surface bien lisse.

2 Masquez les parties à ne pas peindre avec le ruban de masquage

3 Passez une couche de fond à base de peinture noire et laissez sécher complètement.

4 Éclaircissez la peinture noire avec un peu de peinture blanche jusqu'à obtenir une teinte qui tire sur le gris foncé. Tapotez toute la surface avec le bout des soies de la brosse à peindre, mais en touches irrégulières pour que la couche de fond reste visible.

5 Mélangez le gris foncé avec un peu de peinture argent pour l'éclaircir et tapotez légèrement la surface d'une façon très inégale.

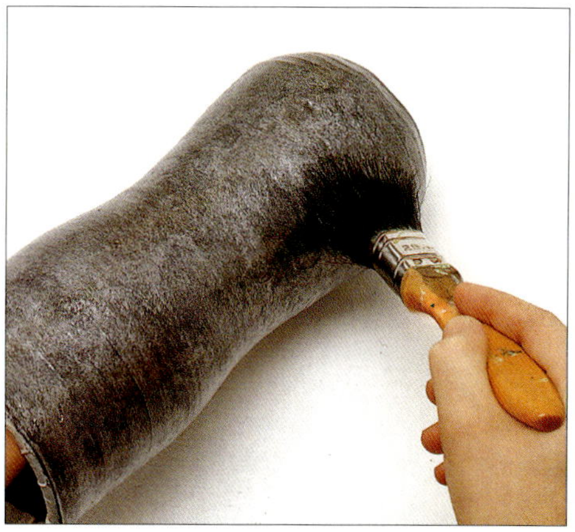

6 Appliquez de la peinture argent en petites touches très légères sur toute la surface pour lui donner des reflets doucement marbrés.

À GAUCHE : transformez un vase quelconque en un vase en étain foncé. Passez une couche de fond de peinture noire satinée, puis appliquez par-dessus une peinture gris foncé et vieil argent.

L'ACIER

L'acier est un des métaux les plus brillants et luisants qui soient ; un reflet acier apporte une note claire et étincelante dans une pièce ou à un objet. La technique proposée ici vous permettra de reproduire cet aspect moderne en appliquant simplement deux sortes de finition argent ainsi qu'un vernis brillant. L'acier est un métal extrêmement dur ; aussi faut-il obtenir un solide effet de peinture avant de brosser l'argenture.

Matériel nécessaire

- ruban de masquage
- papier abrasif
- peinture satinée brillante (argent)
- cire ou liquide de réargenture
- brosse souple
- chiffon à lustrer
- vernis incolore

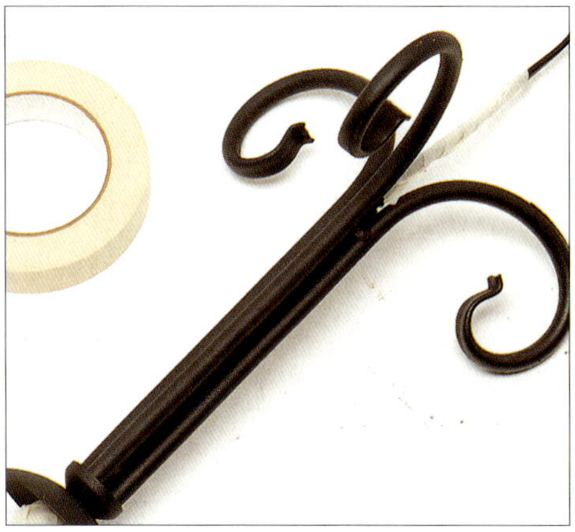

1 Masquez toutes les parties qui ne doivent pas être peintes.

2 Poncez la surface au papier abrasif pour que la peinture puisse adhérer.

3 Passez une couche de fond de peinture laquée brillante couleur argent. Laissez sécher.

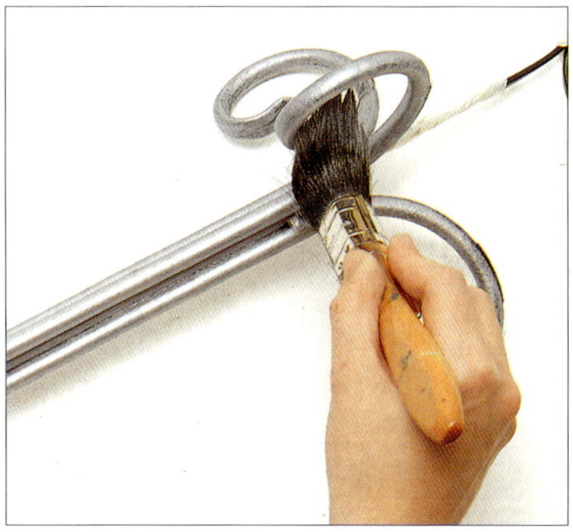

4 Appliquez une seconde couche d'argent brillant pour obtenir un effet uni.

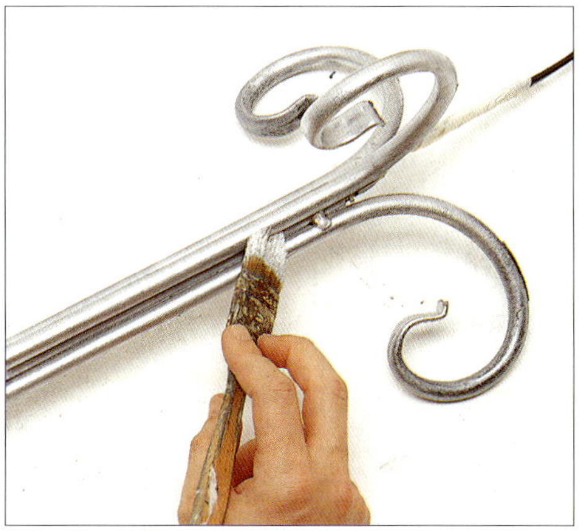

5 Lorsque la peinture est sèche, servez-vous de la brosse souple pour appliquez la cire ou le liquide de réargenture sur l'objet.

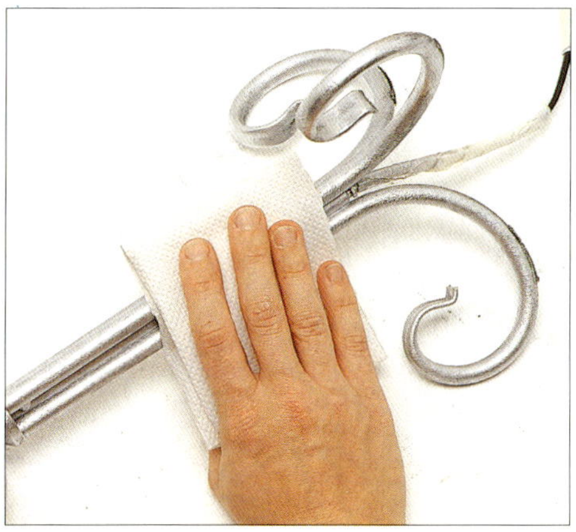

6 Polissez et faites briller avec un chiffon à lustrer. Vernissez avec un vernis incolore très transparent.

CI-DESSOUS : ce bol en bois a l'apparence de l'acier. Deux couches de peinture laquée brillante à l'aluminium ont été appliquées sur une sous-couche gris foncé. On termine par une couche de vernis incolore très transparent.

LE VIEUX BRONZE

Peu de gens possèdent chez eux des objets en vieux bronze authentique. Cet effet peut être obtenu sur toutes sortes de récipients ordinaires ou autres objets de la maison pour leur donner l'apparence du bronze. On peut transformer ainsi de simples bols et plats en des pièces attrayantes qui ressemblent à de précieuses découvertes archéologiques et dont on peut se servir sans prendre trop de précautions.

Matériel nécessaire

- papier abrasif
- ruban de masquage
- peinture satinée (noire et bronze)
- brosse à peindre
- cire ou dorure liquide base bronze
- chiffon à lustrer

1 Poncez l'objet avec du papier abrasif pour que la peinture adhère bien.

2 Masquez les parties qui ne sont pas à peindre.

3 Passez une couche de fond de peinture satinée noire sur l'objet.

4 Appliquez des petites touches sur la peinture à peine sèche, du bout des soies de la brosse, pour donner un effet de modelé. Laissez sécher complètement.

5 Appliquez sur toute la surface la peinture satinée bronze, en prenant soin de ne pas recouvrir entièrement la couche de fond.

6 Étalez la cire pour dorure, base bronze, puis passez un chiffon doux à lustrer pour une finition brillante.

À DROITE : les bougeoirs prennent une tout autre allure avec un effet vieux bronze ; ils donnent à la pièce où ils se trouvent un cachet d'époque. Le primaire d'accrochage est à base d'oxyde rouge, avec, par-dessus, du bronze satiné et de la cire à dorer.

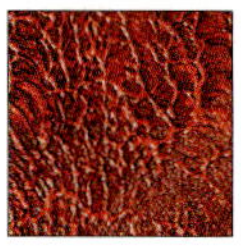

LE CUIR

Les surfaces recouvertes de cuir ont toujours quelque chose de distingué et de luxueux. Vous pouvez créer cet effet à peu de frais, par une ingénieuse combinaison de peinture satinée, de plâtre à modeler en poudre et de peintures à l'huile d'artiste. Rien ne vous oblige, bien sûr, à utiliser les couleurs présentées ici. Le vrai cuir est teint dans une infinité de couleurs. Vous pouvez donc essayer celles que vous préférez.

Matériel nécessaire

- peinture satinée (rose pâle)
- plâtre à modeler en poudre
- brosse plate
- brosse à panneau
- peinture à l'huile (cramoisie)
- éponge synthétique
- vernis

1 Passez une couche de fond rose pâle. Laissez sécher.

2 Mélangez la peinture rose pâle avec la poudre de plâtre pour obtenir un mélange pâteux. Appliquez-le sur toute la surface jusqu'à ce qu'i atteigne une épaisseur d'environ 1 cm.

3 Pour donner de la texture à la surface, pochez-la complètement par petites touches avec le bout des soies de la brosse utilisée à l'étape 2. Laissez sécher.

4 Passez une bonne couche de peinture à l'huile pourpre non diluée sur toute la surface.

5 Égalisez en tapotant la surface avec la brosse, comme à l'étape 4.

6 Effleurez très délicatement la surface avec le plat d'une éponge propre et sèche. N'exercez aucune pression. Posez seulement l'éponge sur la surface pour éponger un peu de peinture de la couche supérieure et pour éclaircir toute la texture. Vernissez après séchage.

CI-DESSOUS : Ce dessus de table en faux cuir semble inviter à l'étude des humanités gréco-latines.

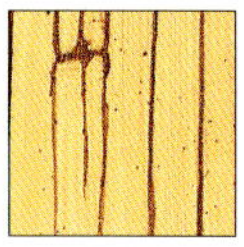

LE BAMBOU

Si vous aimez le style asiatique, la technique du bambou vous est destinée. Un effet bambou peut convenir pour différents types de décoration, sur de grands pans de murs comme sur du petit mobilier, telles des chaises de salle à manger et des tables basses. Vous pouvez peindre de simples gaules coupées dans le jardin pour leur donner un aspect plus authentique, et vous en servir pour confectionner des cadres de photos.

Matériel nécessaire

- peinture jaune pâle satinée ou brillante
- peinture à l'huile (ocre jaune et terre d'ombre brûlée)
- brosse plate, brosse de pouce
- essence de térébenthine, white-spirit
- petit pot à mélange
- centimètre
- crayon
- pinceau à filet

1 Passez deux couches de peinture jaune pâle satinée ou brillante et laissez bien sécher.

2 Diluez la peinture à l'huile ocre jaune avec l'essence de térébenthine pour obtenir la consistance d'une crème épaisse. Appliquez-la en tirant la brosse verticalement. Laissez bien sécher.

3 Mesurez et tracez des lignes au crayon représentant les bambous, puis faites des marques alternées tous les 30 cm, de haut en bas.

4 Une fois toutes les lignes tracées, dessinez les extrémités légèrement arrondies des bambous. N'en faites pas trop ; sinon, l'effet sera trop lourd.

5 Diluez la peinture à l'huile ombre brûlée avec l'essence de térébenthine pour obtenir la consistance d'une crème épaisse. Avec le pinceau à filet, passez ce mélange sur les lignes tracées au crayon ; prolongez-les au milieu de chaque extrémité de bambou sur environ 10 cm de long.

6 Avec le mélange de l'étape 5, faites de minuscules traces sur la surface et estompez l'effet avec une brosse de pouce sèche tirée dans le sens des lignes de bambous.

CI-DESSOUS : le mobilier et les accessoires de cette pièce ont un style oriental qui convient parfaitement au décor de faux bambous peints sur le mur.

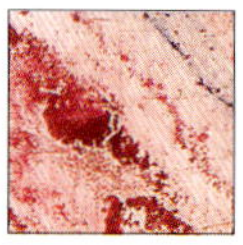

LE MARBRE

Il existe différentes techniques d'imitation du marbre. Nous n'aborderons ici que la plus simple. Les couleurs et le veinage varient beaucoup. Nous vous conseillons de prendre un morceau de vrai marbre comme modèle. Recherchez de préférence un effet général marbré de couleur délicate, avec une abondance de veines estompées pour donner du relief. Utilisez toujours comme couche de fond une peinture satinée ou brillante à base d'huile permettant à la peinture de glisser sans absorber la couleur. Essayez plusieurs nuances de violet et de bleu outremer ; de terre de Sienne et de noir ; de rouge indien, d'ocre jaune et de noir, de terre de Sienne, d'ocre jaune et de bleu de Prusse et d'outremer, ou de jaune de Naples et d'ocre jaune.

Matériel nécessaire

- peinture satinée blanche
- peinture à l'huile (bleu outremer et ocre jaune)
- petit pot à mélange
- pinceau à filet
- essence de térébenthine, white-spirit
- brosse à moucheter
- brosse de pouce
- brosse à panneau
- vernis transparent

1 Passez une couche de fond blanche avec une brosse de pouce. Prenez une bonne quantité de peinture à l'huile bleu outremer et diluez-la avec de l'essence de térébenthine jusqu'à obtenir la consistance d'une crème épaisse. Appliquez-la en touches croisées.

2 Diluez de la même façon la peinture à l'huile ocre jaune. Passez-la sur les parties qui n'ont pas été peintes en bleu.

3 Tamponnez délicatement les deux couches encore fraîches avec la brosse à moucheter.

4 Plongez le pinceau à filet dans l'essence de térébenthine et tirez-le sur la peinture encore fraîche, sans exercer de pression, en le laissant seulement glisser sur la surface. Donnez un peu d'angle aux soies pendant que vous tirez le pinceau vers le bas.

5 Plongez le pinceau dans l'essence de térébenthine pour chaque veine. Elle fissurera pour ainsi dire le glacis. Ne faites pas trop de veines : laissez partir seulement une branche irrégulière secondaire de chaque veine principale. Plus l'effet sera sobre et meilleur il sera.

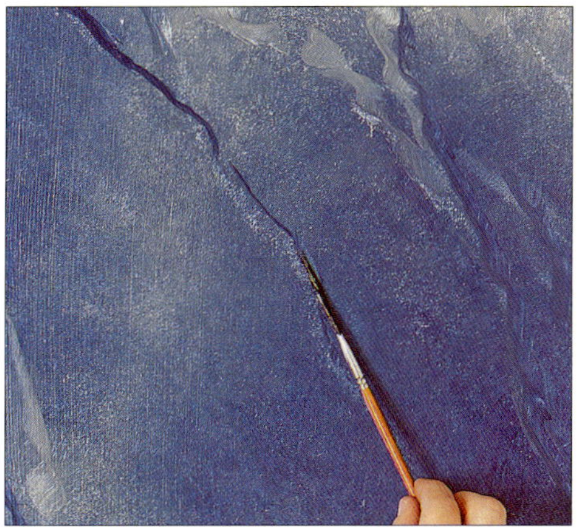

6 Plongez le pinceau à filet dans le glacis bleu outremer encore visible de l'étape 1 et tracez des veines très fines. Passez un vernis incolore après séchage.

À DROITE : ce cadre en bois a été transformé radicalement grâce au faux marbre.

MARBRE

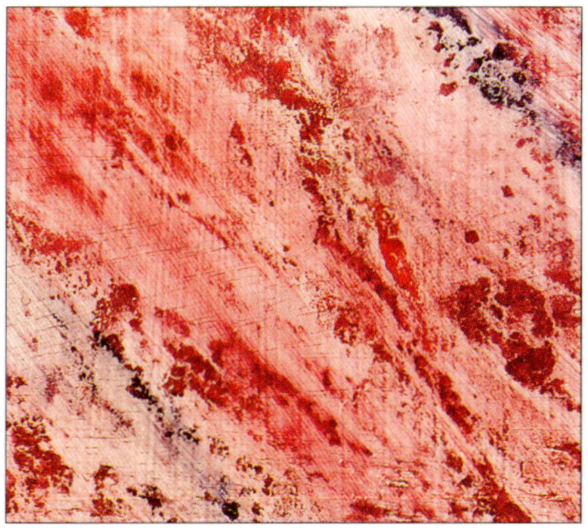

violet et outremer

Sienne naturelle et noir

rouge indien et terre d'ombre brûlée

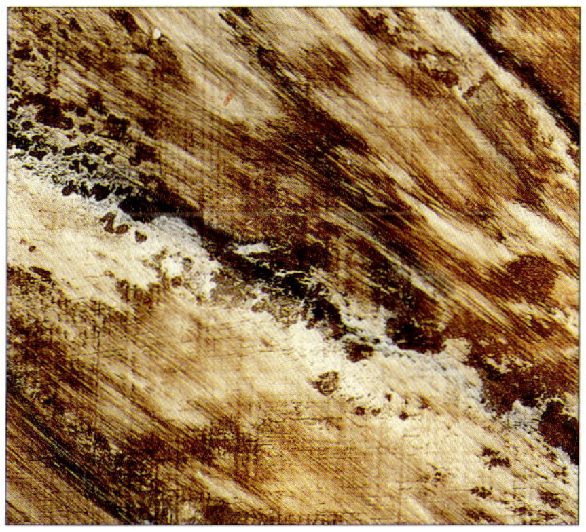

Sienne, ocre jaune et bleu de Prusse

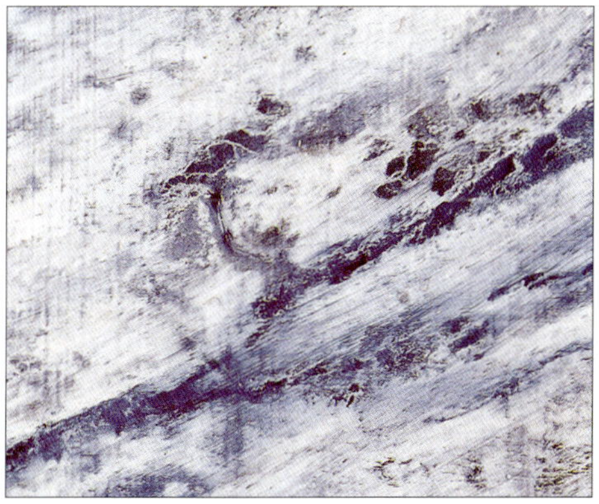

bleu de Prusse et outremer

jaune de Naples et ocre jaune

LE PORPHYRE

Le porphyre est très simple à imiter. Cette technique ne convient qu'aux surfaces totalement horizontales sur lesquelles la peinture et l'essence ne risquent pas de couler. Le procédé consiste à projeter des gouttes de térébenthine sur une peinture à l'huile encore fraîche, qui, en se dispersant, créent de minuscules effets veinés et crochetés.

Les mariages de couleurs intéressants sont : le bleu outremer et l'ocre jaune ; le rouge indien, la terre de Sienne naturelle et le noir ; le pourpre, l'ocre jaune et le bleu ; le violet, l'outremer et l'ocre jaune ; la terre d'ombre brûlée, la terre de Sienne naturelle et le rouge indien ; la terre de Sienne naturelle, le bleu de Prusse et le violet.

Matériel nécessaire

- peinture à l'huile (gris Davy, ocre jaune et bleu de Prusse)
- essence de térébenthine, white-spirit
- petit pot à mélange
- brosse éventail moyenne
- brosse plate, brosse de pouce
- éponge synthétique
- vernis incolore

1 Diluez la peinture gris Davy avec de l'essence de térébenthine jusqu'à obtenir la consistance d'une crème épaisse. Appliquez-la en touches irrégulières avec une brosse éventail moyenne.

2 Diluez de la même façon l'ocre jaune. Passez-le dans les parties où il n'y a pas de gris.

3 Ajoutez des petites touches de bleu de Prusse faiblement dilué.

4 Quand les peintures sont encore fraîches, agrégez les couleurs et mélangez-les légèrement avec une grosse brosse plate tenue verticalement.

5 Plongez l'éponge dans l'essence et faites un épongé sur la surface. La térébenthine va commencer à disperser les peintures à huile d'artiste.

6 Trempez une brosse de pouce dans l'essence de térébenthine ; retroussez ses poils pour éclabousser la surface. L'essence rassemblera les peintures et créera l'effet propre à la pierre. Passez un vernis incolore après séchage.

À DROITE : ce parquet est peint en porphyre. La couche de fond est peinte en blanc satiné et les couleurs sont obtenues avec du bleu de Prusse, du vert émeraude et de l'ocre jaune. L'effet est protégé par une couche de vernis.

PORPHYRE

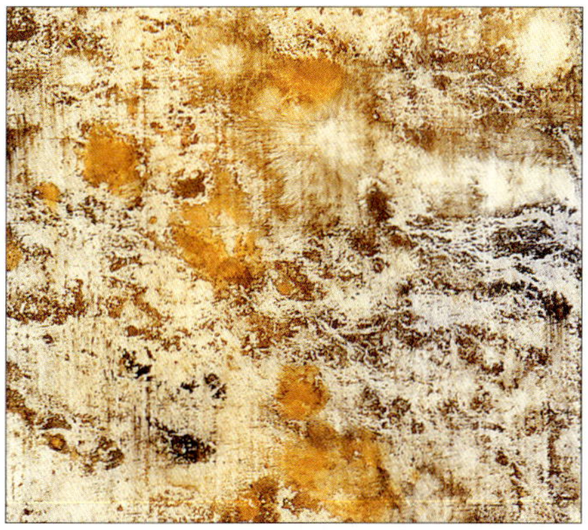

outremer, ocre jaune et terre d'ombre brûlée

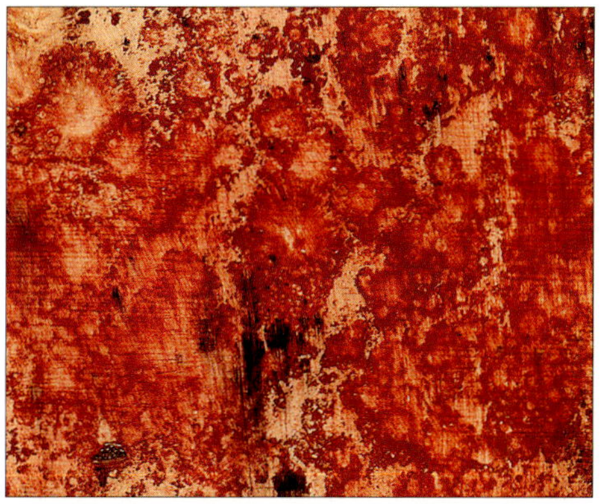

rouge indien, terre de Sienne naturelle et noir

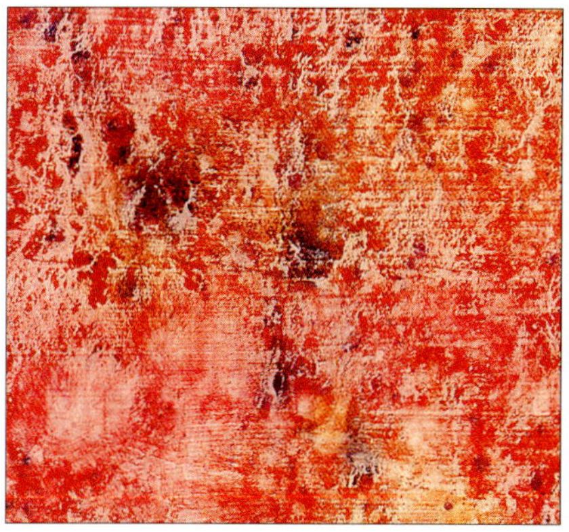

pourpre, ocre jaune et bleu

violet, outremer et ocre jaune

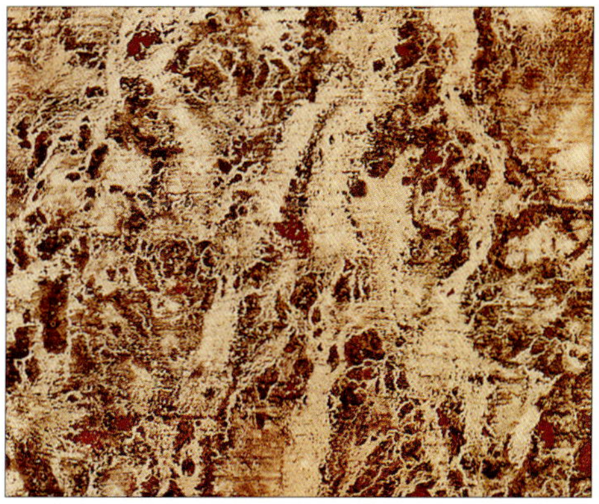

terre d'ombre brûlée, Sienne et rouge indien

terre de Sienne, bleu de Prusse et violet

VERT-DE-GRIS

Le vert-de-gris est une patine qui se forme naturellement par oxydation sur le cuivre, le bronze ou le laiton exposé à l'air et à l'humidité. Cet effet prend valeur de finition décorative sur certains objets se trouvant aussi bien à l'intérieur qu'à l'extérieur. On peut mettre ainsi en valeur des bacs à fleurs, des pots et des statues aussi bien qu'un cadre ou un luminaire. De même, on peut dorer et faire briller ces objets en les cirant.

Matériel nécessaire

- papier abrasif
- peinture satinée ou brillante (vert jade)
- peinture métallique (bronze et or)
- brosses
- cire ou peinture pour dorure, base cuivre
- chiffon à lustrer

1 Poncez la surface de l'objet avec du papier abrasif pour que la peinture adhère bien.

2 Passez une couche de fond vert jade et laissez sécher complètement.

3 Pochez délicatement la peinture métallique bronze sur la surface avec le bout des soies de la brosse. Laissez transparaître une partie de la couche de fond.

4 Pochez la peinture métallique or sur toute la surface, plus délicatement encore que la couche bronze, en touches très irrégulières.

5 Avec une brosse sèche, tamponnez la surface de vert jade en agrégeant légèrement les couleurs. Laissez sécher.

6 Passez un peu de cire à dorer, base cuivre, avec le bout des soies de la brosse. Faites briller avec un chiffon à lustrer.

CI-DESSOUS : l'emploi judicieux de l'effet vert-de-gris a transformé ce miroir et camouflé toutes les imperfections du cadre originel.

LE FAUX PLÂTRE

La douce texture du plâtre procure une agréable sensation de chaleur, que l'on perd lorsqu'il est recouvert de plusieurs couches de peinture. Ici, vous allez apprendre comment recréer l'aspect du plâtre nu, neuf ou ancien. Deux sortes de finitions sont traitées : une finition neuve, appliquée de façon texturée, et une finition vieillie, épaisse, paraissant remonter à plusieurs siècles. On emploie dans les deux cas de l'acrylique.

PLÂTRE TEXTURÉ

La finition de cet effet s'obtient facilement en ajoutant du plâtre à modeler à la peinture.

Matériel nécessaire

- brosse à peindre de 10 cm
- peinture acrylique (blanche, beige foncé et blanc de céruse)
- plâtre à modeler
- grande brosse plate
- pot à mélange

1 Passez une couche de fond de peinture blanche puis, avec la grande brosse très peu chargée, donnez de grands coups irréguliers de beige foncé, en laissant transparaître la sous-couche blanche.

2 Dans un pot de peinture vide, mélangez le blanc de céruse et le plâtre pour obtenir une pâte épaisse. Appliquez ce mélange sur la surface avec la grande brosse, de façon irrégulière et à sec comme à l'étape 1. Croisez les passages de la brosse en la tenant presque à plat sur la surface.

3 Continuez à passer ce mélange en prenant soin de laisser la couche beige foncé transparaître.

4 La brosse étant toujours tenue bien à plat, ajoutez plusieurs couches du mélange pour créer un effet texturé.

À GAUCHE : on a ajouté un blanc très cru à cette imitation de plâtre texturé pour faire comme si ce mur avait été blanchi à la chaux.

5 Après séchage, passez sur toute la surface une couche de peinture blanche avec une brosse peu chargée pour rehausser la couche supérieure

6 Sans rajouter de peinture sur la surface, atténuez délicatement celle ajoutée à l'étape 5 en tenant la brosse de côté pour achever l'effet texturé du plâtre.

PLÂTRE PLAT

Le plâtre plat, qui rappelle le plâtre des murs provençaux ou méditerranéens, est produit avec de l'alcool méthylique, qui ronge les couches de peinture sans créer de reliefs sur les murs.

Matériel nécessaire

- brosse à peindre de 10 cm
- peinture acrylique (beige foncé, blanc de céruse et blanc cassé)
- alcool méthylique
- chiffon/éponge

1 Passez une couche de beige foncé avec une grande brosse, en coups irréguliers. Plongez les soies d'une brosse à peindre de 7,5 cm dans la peinture, égouttez l'excès et appliquez librement sur le mur.

2 Passez la brosse à sec en utilisant la peinture blanche cérusée sur le beige foncé sans le couvrir complètement. Croisez toujours vos coups de brosse pour que l'effet paraisse rustique.

3 En utilisant la peinture blanc cassé, passez la brosse peu chargée sur la couche précédente par touches espacées.

4 Atténuez les traces de coups de brosse avec un soupçon de peinture. Laissez sécher.

5 Plongez l'éponge dans l'alcool méthylique et appliquez-la ici et là pour estomper les couches de peinture et adoucir l'aspect de l'ensemble.

LES MOTIFS ANIMALIERS

En décoration, les motifs animaliers sont très appréciés. Ils conviennent bien sûr mieux aux chambres d'enfants, mais ils peuvent trouver leur place dans des compositions décoratives très élaborées dans d'autres pièces de la maison. Des surfaces importantes décorées de la sorte apportent une touche d'exotisme. Une fois que vous aurez assimilé les techniques présentées ici, et imité la peau de girafe, de zèbre et de vache, vous pourrez essayer bien d'autres motifs, tel celui de léopard, illustré page ci-contre.

GIRAFE

Avant de vous attaquer à l'imitation de la peau d'un animal comme la girafe, il n'est pas inutile de faire un tour au zoo. Vous constaterez que les taches de sa robe sont plutôt régulières.

Matériel nécessaire

- peinture latex (blanche, jaune, jaune clair et marron foncé)
- brosses à peindre
- crayon

1 Passez une couche de fond blanche et laissez sécher. Appliquez le jaune sur la surface en laissant transparaître la couche de fond. Laissez sécher.

2 Passez ensuite une couche de jaune clair pour faire un marbré et adoucir l'effet.

3 Dessinez des taches de la robe de girafe en laissant entre elles un espace d'environ 2,5 cm. Passez les taches au marron foncé et laissez sécher.

4 Appliquez sur les taches une seconde couche de marron foncé pour densifier la couleur.

5 Trempez une grande brosse dans la peinture jaune pâle, égouttez l'excès jusqu'à ce que la brosse soit très peu chargée. Tenez-la presque parallèlement à la surface et, sans lui appliquer une forte pression, passez un soupçon de peinture sur les taches pour éclaircir légèrement le marron foncé.

ZÈBRE

Il faut attentivement observer les rayures du zèbre pour constater la façon dont elles se rejoignent parfois. On passe du noir sur le marron pour éviter que les zébrures ne paraissent trop contrastées et pour donner de la texture à la robe.

Matériel nécessaire

- peinture acrylique (crème, blanc cassé, marron foncé et noire)
- brosses à peindre
- crayon

1 Passez une brosse peu chargée de peinture crème sur toute la surface, de façon assez irrégulière. Utilisez une brosse moyenne.

2 Dessinez les zébrures, en les faisant partir vers l'extérieur depuis une ligne centrale assez grossière. Le trait doit être un peu hésitant, les lignes étant nettement cambrées.

3 Passez une brosse très peu chargée de peinture blanc cassé entre les rayures, en suivant leur sens. Laissez transparaître la couche de fond pour créer une couche texturée.

4 Peignez les zébrures en marron foncé. Une fois sèches, repeignez-les grossièrement en noir.

5 Atténuez le contour des zébrures avec du blanc cassé, par de légers coups de pinceau de l'extérieur vers l'intérieur.

À DROITE : le décor léopard, sur cette large plinthe, a été réalisé avec un pochoir en mousse en imprimant des formes noires sur une laque jaune.

PEAU DE VACHE

Les taches d'une peau de vache ont un dessin assez irrégulier. Plus vous les ferez différentes et plus l'effet global sera réaliste.

Matériel nécessaire

- peinture acrylique (beige clair, crème clair, noire et marron foncé)
- brosses à peindre
- crayon

CI-DESSOUS : ce cadre est décoré avec une empreinte animale de l'art populaire traditionnel. Les empreintes de patte sont faites à l'aide d'une brosse à pocher à sec trempée dans une peinture, et l'effet est achevé avec un vernis teinté.

1 La brosse étant très peu chargée en peinture beige clair, peignez la surface verticalement.

2 Laissez sécher la couche précédente, puis appliquez la peinture crème clair de la même façon. Laissez sécher.

3 Dessinez les taches de la robe de vache. Leur dessin doit être irrégulier. Assurez-vous qu'une grande partie du fond est visible.

4 Peignez les taches avec de la peinture noire. Laissez sécher.

5 Brossez à sec un peu de peinture marron foncé sur le noir pour adoucir légèrement l'aspect, en suivant le sens adopté à l'étape 1.

6 La peinture noire étant bien sèche, estompez le bord des taches d'un coup de brosse, de l'extérieur vers l'intérieur, avec de la peinture crème clair pour obtenir l'effet de poils se chevauchant.

PORTE EN TROMPE-L'ŒIL

Nous présentons ici une porte en trompe-l'œil. Vous pouvez la copier ou ne vous en servir que comme modèle. Nous vous suggérons des couleurs, mais rien ne vous empêche d'en préférer d'autres. La technique employée pour peindre cette porte en trompe-l'œil s'applique aussi bien à une fenêtre qu'à une petite porte de buffet. Les dessins sont tracés avec un crayon de couleur. En débutant avec un dessin aussi simple que celui-ci, vous prendrez vite confiance et vous serez en mesure de vous attaquer à des motifs plus compliqués.

Matériel nécessaire

- rouleau
- peinture latex (crème, jaune d'or, ocre brun et vert)
- grande brosse à peindre
- crayon
- équerre
- papier
- niveau à bulles
- règle
- ficelle
- ruban de masquage
- brosse à peindre moyenne
- pinceau moyen
- ponceuse
- crayon marron

1 Faites des essais de mélange de couleurs. Vous pouvez employer des teintes fortes ; elles seront atténuées après le ponçage.

2 Pour faire la couche de fond, passez le mur au rouleau chargé de peinture crème.

3 Badigeonnez la couche de fond de peinture jaune d'or avec une grosse brosse large.

À GAUCHE : cet effet est plus simple à réaliser qu'il n'y paraît ; sa forme est dessinée au crayon, avec l'aide d'une ficelle jouant le rôle de compas et d'une règle.

4 Tracez le dessin à l'échelle sur du papier en vous aidant d'une équerre.

5 Tracez sur le mur les lignes droites représentant les montants de la porte en vous aidant d'un niveau à bulles et d'une longue règle en bois.

6 Tracez l'arc supérieur de la porte avec un crayon fixé au bout d'une ficelle.

7 Délimitez au ruban de masquage les parties du dessin qui seront peintes en ocre brun.

8 Peignez les parties en ocre brun puis retirez le ruban de masquage. Toute bavure sera aussitôt essuyée.

9 Peignez la partie verte de la porte avec une brosse moyenne. Utilisez le ruban de masquage, si nécessaire, pour délimiter chaque partie.

10 Peignez un fin liseré jaune avec le pinceau d'artiste pour délimiter les contours de la porte. Laissez sécher.

11 Poncez légèrement le dessin à la ponceuse électrique. Allez jusqu'à la couche de fond dans certaines zones et laissez les autres intactes.

12 Badigeonnez de nouveau tout le dessin avec du jaune d'or.

13 Masquez les carreaux de la frise. Passez le pinceau pour souligner le contour de chaque carré, puis retirez aussitôt le ruban de masquage.

14 Tracez au crayon marron de fines lignes dans l'imposte semi-circulaire.

À DROITE : vous pouvez recréer chez vous une fresque ayant l'air d'avoir été délavée par le chaud soleil italien pendant de longs siècles. Le secret réside dans la superposition de couches de peinture, et dans leur usure à différents endroits.

LE LAMBRIS EN TROMPE-L'ŒIL

Grâce à la technique du trompe-l'œil, vous pouvez transformer vos pièces dans n'importe quel style ou époque. L'effet ci-dessous vous montre comment peindre de faux panneaux aux coins coupés d'onglet. L'emploi de tons plus clairs et plus foncés sur le pourtour du panneau intérieur crée une illusion d'ombre et de lumière, et donne l'impression de profondeur. Vous pouvez varier la dimension des panneaux pour les adapter à votre pièce.

Matériel nécessaire

- peinture latex (blanche, beige et marron)
- brosse à peindre
- règle
- niveau à bulles
- crayon
- ruban de masquage
- colle à papier peint
- pot à mélange
- brosse blaireau

1 Passez deux couches de peinture blanche pour le fond. Après séchage, servez-vous de la règle, du niveau à bulles et du crayon pour tracer un panneau central en creux.

2 Protégez le panneau central en faisant courir le ruban de masquage tout autour, sur les côtés, le haut et le long du bas.

3 Mélangez à parts égales peinture beige et colle à papier peint liquide. Passez le mélange sur le panneau central en tirant la brosse de haut en bas.

4 Retirez le ruban de masquage du haut et du bas, et passez horizontalement le même mélange sur ces deux parties. Enfin, retirez le ruban de masquage des côtés et peignez le panneau de haut en bas.

5 Après séchage, reposez un ruban de masquage d'environ 2,5 cm autour du panneau central pour masquer son pourtour. Mélangez la peinture blanche avec un peu du mélange de l'étape 3 et appliquez sur le côté gauche et le bas en faisant des onglets sur les coins avec le ruban de masquage.

6 Après séchage, appliquez du ruban de masquage sur les onglets opposés. Mélangez la peinture marron avec un peu de celle de l'étape 3, et passez ce nouveau mélange sur les côtés droit et haut pour rendre les ombres. Retirez le ruban.

À DROITE : cette technique convient parfaitement pour de grands murs nus. Ici, la couleur rouge foncé crée un aspect solennel qui est rehaussé par le faux lambris.

CIEL EN TROMPE-L'ŒIL

Ce bel effet convient à n'importe quelle pièce où vous voulez créer une atmosphère de sérénité. Vous pourrez vous y imaginer flottant dans les nuages. Dessinez les contours de ces derniers (il ne faut pas qu'ils soient réguliers). Prenez la liberté de peindre des formes irrégulières avec des bords fondus à l'aspect réaliste. L'ajout de colle à papier peint à la peinture permet de créer un effet texturé et donne de la profondeur.

Matériel nécessaire

- peinture latex (blanche et bleu ciel)
- éponge
- crayon
- peinture acrylique satinée blanche
- colle à papier peint
- pot
- brosse à peindre

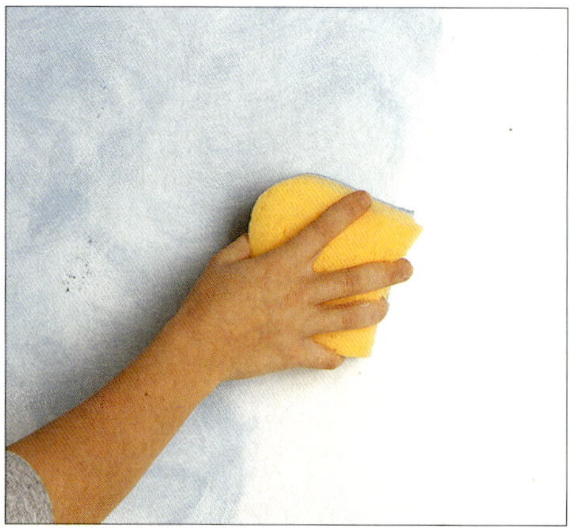

1 Passez deux couches de peinture blanche pour le fond. Laissez sécher entre les deux couches. Trempez l'éponge dans la peinture bleu ciel. Égouttez l'excès et faites un épongé en positif sur toute la surface en mouvements circulaires pour donner un effet marbré.

2 Appliquez une seconde couche de bleu ciel, toujours avec l'éponge, comme à l'étape 1. Cette couche donnera un effet presque uni mais légèrement marbré.

3 Avec un crayon fin, dessinez grossièrement les contours des nuages pour vous guider au moment de peindre.

4 Diluez à parts égales peinture satinée blanche et colle à papier peint liquide dans un pot et pochez cette solution sur la partie consacrée aux nuages, en commençant par le contour crayonné. Continuez de pocher de haut en bas, sans recharger la brosse afin de fondre la couleur.

5 Rendez la profondeur des nuages par couches successives après que chacune a séché. Commencez la première couche par le bord du haut et pochez de haut en bas. Cette opération renforce l'effet.

6 Enfin, faites un bord plus net pour faire ressortir le blanc.

Ci-dessous : complétez l'effet lumineux en suspendant un miroir à bougies au mur, qui jouera le rôle de fenêtre ouverte sur le ciel.

IDÉES DE DÉCORATION

L'aspect le plus passionnant des effets de peinture consiste à imaginer comment ils se marieront. Vous pourrez ainsi décorer une pièce sur un seul thème ou bien associer des effets de couleurs bien distinctes. Dans les pages qui suivent, on a pris en compte tous ces éléments et suggéré quelques idées de décoration fondées sur la couleur, les motifs et les styles du monde entier. Vous avez le choix entre les copier intégralement ou vous inspirer d'éléments que vous adapterez à votre goût. La plupart des projets proposent un traitement de base des murs et montrent des finitions décoratives simples.

CI-DESSUS : des pavois pochés sur le mur de cette cuisine lui donnent tout de suite un petit côté marin.

CI-CONTRE : les motifs muraux complètent parfaitement le style scandinave de cette salle de séjour.

CHOISIR UN THÈME

Avant de vous précipiter sur un nuancier et des pots de peinture, prenez le temps de réfléchir à ce que vous souhaitez exactement réaliser comme décoration intérieure. Demandez-vous d'abord si le projet que vous avez choisi convient bien à la pièce que vous voulez peindre.

Observez attentivement celle-ci. Tenez compte de ses dimensions, de sa luminosité. Il y a une grande différence entre une pièce qui ne reçoit presque pas de soleil de la journée et celle qui en est baignée tout au long. Si elle est orientée vers l'est ou l'ouest, elle ne recevra la lumière du soleil que le matin ou l'après-midi. La lumière naturelle peut modifier radicalement l'apparence des couleurs. La forme de la pièce a aussi son importance, dans la mesure où la lumière touchera plus fortement certaines parties en fonction de l'orientation des fenêtres et des portes. Prenez soin d'observer les variations de couleurs dans la pièce aux différentes heures de la journée.

Commencez par regarder les couleurs qui habillent la pièce. Peut-être ne pourrez-vous pas changer grand-chose aux éléments qui la décorent déjà, comme le mobilier, les tapis et les rideaux, et vous devrez dès lors choisir vos couleurs et effets en fonction d'eux. Imaginez votre projet en tenant compte de ces objets.

Choisissez couleurs et effets en fonction de l'atmosphère que vous souhaitez créer : douillette et confortable ou spacieuse et calme. Ils peuvent modifier la perception que nous avons de la dimension des pièces. Les couleurs chaudes ont tendance à réduire l'espace. Choisissez-les si vous voulez

CI-CONTRE : les couleurs pâles employées dans cette cuisine lui donnent un aspect frais, clair et spacieux.

CI-DESSOUS : une décoration murale peut être influencée par les couleurs tendres, la texture et les formes d'une série de céramiques.

CI-DESSOUS À GAUCHE : une patine au-dessus de la ligne de cimaise se marie parfaitement avec un papier peint collé sous la baguette de celle-ci. La couleur vert tendre est reposante.

Ci-dessus : des assiettes chinoises en trompe-l'œil peintes au-dessus d'anciennes étagères suggèrent immédiatement un intérieur campagnard.

Ci-dessous : une frise peinte à la main colore et décore une chambre d'enfant. Ici, elle fait partie d'un dessin général avec une plinthe verte figurant l'herbe et des murs représentant le ciel.

qu'une pièce paraisse plus petite. Inversement, si vous souhaitez qu'elle paraisse plus grande, optez pour des couleurs froides. De même, les tons sombres réduisent le volume apparent d'une pièce alors que les clairs l'agrandissent : les nuances de couleur vous permettent donc de modifier l'impact visuel de l'espace où vous vivez. Ainsi, par exemple, si le plafond de la pièce est haut, il paraîtra abaissé si vous peignez les murs d'une couleur sombre jusqu'à la cimaise, puis en blanc au-dessus de celle-ci et jusqu'au plafond. De cette même manière, vous pouvez mettre en valeur certains éléments de la pièce.

Les motifs peuvent aussi modifier le volume. De grands motifs aux couleurs éclatantes ont tendance à accrocher le regard : utilisez-les dans les endroits que vous voulez mettre en évidence. En revanche, des petits motifs aux couleurs sourdes semblent noyés dans un environnement texturé, à moins de s'en approcher très près. Des motifs verticaux, comme des rayures, donnent l'impression d'accroître la hauteur de la pièce, tandis que des lignes horizontales l'élargissent. N'oubliez pas que la texture agira en fractionnant l'espace et en dissimulant les imperfections.

Tenez compte de l'âge de votre maison. Adoptez un style ou un thème qui s'accorde à son architecture. Vous pouvez peut-être partir d'un élément pour bâtir tout un thème. Peut-être pouvez-vous aussi adapter certains éléments figurant dans le mobilier ou les accessoires pour trouver un thème

CI-DESSUS : un motif en forme de rose tamponné sur un fond neutre est facile et rapide à faire. Ce même motif décore aussi le fauteuil tapissé de toile couleur crème pour créer un ensemble assorti.

original. Un motif des rideaux pourra servir de base à un pochoir ou à un tampon. Le style général de la pièce pourra être rehaussé par des effets de faux comme des chandeliers vert-de-grisés, des vases peints en étain ou des plats peints en cuivre. Laissez libre cours à votre imagination.

Feuilletez les magazines et les livres, dénichez un thème de couleur séduisant et voyez comment l'adapter à votre intérieur. Jetez vos idées sur le papier, faites une esquisse avec les couleurs et les éléments principaux que compte la pièce ; cela vous aidera à estimer la faisabilité du projet. Faites des essais de couleurs. Plus vous prendrez de temps pour réfléchir, plus le résultat sera réussi.

Le temps, précisément, et l'argent que vous comptez investir dans la décoration sont aussi des facteurs à prendre en compte. Si vous disposez de peu de temps, choisissez un effet que vous pourrez réaliser complètement sans avoir à l'abandonner en cours de route. Exercez-vous aux techniques avant de vous attaquer à un projet de grande envergure. Vérifiez que le type de peinture choisi est en adéquation avec la technique que vous avez choisie. Calculez de quelle quantité de peinture et quels autres produits et matériels vous aurez besoin. Assurez-vous que le coût total de l'opération correspond à votre budget.

La sécurité du travail est aussi un point important. Vérifiez que vous disposez de tout l'équipement nécessaire avant d'entamer les travaux. Faites attention, quand vous grimpez à l'échelle, à sa solidité. Lorsque vous êtes dessus, ne vous penchez pas trop en avant ou sur le côté parce que vous n'avez pas le courage de la déplacer. Écartez les enfants et les animaux quand vous manipulez et utilisez peintures et diluants. Laissez les solvants dans leurs emballages d'origine, identifiés par un étiquetage bien lisible. Rebouchez-les correctement. Stockez-les dans un endroit obscur et frais, loin de toute source de chaleur.

Enfin, prenez du plaisir à entreprendre votre projet de décoration. Avec une organisation sérieuse et un peu de pratique, vous découvrirez que vous pouvez transformer votre intérieur en un coup de brosse.

SALON SCANDINAVE

Créez une atmosphère nordique avec ce mur tamponné d'un motif de style gustavien. Ce décor exige des travaux préparatoires, mais le résultat en vaut la peine. Les tampons sont découpés dans une mousse très dense ou dans du caoutchouc mousse monté sur des blocs en bois sur lesquels on fixe, au besoin, un petit bouton de tiroir pour en faciliter l'emploi. Avant d'attaquer le travail, tracez une grille sur le mur à l'aide d'un fil à plomb et d'un morceau de carton carré. Si vous trouvez que l'effet des deux bleus est trop froid, rehaussez le ton en passant sur le mur une couche de vernis teinté pour vieillir l'effet général.

Matériel nécessaire

- colle à bois
- 2 blocs de bois 9 x 9 cm
- 2 morceaux de caoutchouc mousse 9 x 9 cm très dense
- papier calque
- crayon
- colle en bombe
- cutter
- règle
- 2 petits boutons de tiroir en bois
- fil à plomb
- carton 18 x 18 cm
- assiette
- peinture latex (acrylique ; bleu foncé)
- brosse à peindre à bout carré

1 Appliquez de la colle sur les morceaux de bois et collez dessus les carrés en caoutchouc mousse. Laissez prendre.

2 Dessinez et transférez les formes qui se trouvent en fin de livre. Fixez-les sur les caoutchoucs avec la colle en bombe.

3 Découpez la forme des dessins sur les caoutchoucs, retirez les motifs en papier. Creusez les caoutchoucs jusqu'au morceau de bois pour dégager les motifs.

4 Tracez aux dos des morceaux deux diagonales et collez à leur intersection le bouton de tiroir pour terminer le tampon.

5 Fixez le fil à plomb à hauteur du plafond pour vous guider sur le mur. Marquez un point à 8 cm au-dessus de la ligne de cimaise et placez dessus un coin du carton carré, aligné sur le fil à plomb. Marquez au crayon tous les coins du carton sur le mur, retirez-le et continuez à marquer les coins en vous aidant du fil à plomb. Vous créerez ainsi une grille sur toute la surface du mur au-dessus de la ligne de cimaise.

6 L'un des motifs est statique, l'autre est spiralé. Commencez par le premier ; chargez le tampon de la peinture que vous aurez versée dans l'assiette. Imprimez le premier tampon sur un papier d'essai pour vérifiez que le tampon n'est pas trop chargé. Imprimez ensuite au mur à partir de la marque de 8 cm au-dessus de la ligne de cimaise.

7 Continuez à imprimer sur le mur en travaillant en diagonale.

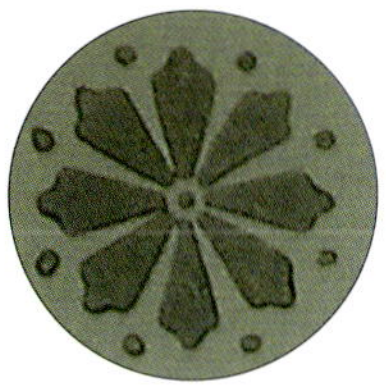

8 Passez au motif spiralé et tamponnez-le dans les espaces entre les motifs statiques.

9 Avec le crayon et la règle, tirez une ligne à 3,5 cm au-dessus de la ligne de cimaise et tout au long de la zone du mur tamponnée.

10 Peignez, avec la peinture bleu foncé diluée, l'espace compris entre la ligne que vous venez de tracer et la cimaise.

À DROITE : le mur bleu pâle, avec ses motifs tamponnés, crée un fond dynamique pour cet élégant miroir et le délicat mobilier en bois.

5 Pochez, à la peinture gris-bleu foncé, les motifs muraux à intervalles plus ou moins réguliers, sur la partie supérieure du mur. Faites pivoter le pochoir à chaque motif alterné pour créer un mouvement dynamique.

6 En commençant par le côté droit de la bande couleur pêche, pochez le motif de bordure à la peinture ocre brun. Ajoutez des détails émeraude et turquoise. Continuez le long du mur en plaçant le pochoir à côté du motif précédent, afin que l'espacement soit régulier et de façon à créer un effet équilibré.

À DROITE : achevez la décoration avec un chandelier peint en cuivre, installé dans une zone unie du mur, entre les pochoirs.

PANNEAUTAGES DE PORTE SCANDINAVE

En Scandinavie, on aime les meubles et les accessoires peints, en particulier les dessins qui célèbrent la nature. Ces magnifiques panneaux sont peints à main levée à coups de pinceaux fluides. Ne vous souciez pas de la symétrie des peintures sur les panneaux ; le plus important, c'est que les motifs paraissent naturels. Exercez-vous avec différents pinceaux sur une feuille de papier jusqu'à ce que vous soyez à l'aise. Ce dessin convient à n'importe quelle porte de placard ou de buffet mais aussi à des meubles de cuisine modernes.

Matériel nécessaire

- peinture latex (jaune clair, ocre plutôt que citron)
- brosses d'artiste
- dessins de plante et de pot de fleurs
- crayon
- peinture acrylique (ocre jaune, bleu outremer et blanc de céruse)
- assiettes blanches
- vernis mat clair et brosse

1 Peignez les panneaux de la porte en jaune clair. Laissez sécher. Dessinez le motif au crayon sur chaque panneau (utilisez le gabarit en fin d'ouvrage).

2 Déposez un peu d'ocre jaune sur l'assiette. Ajoutez du bleu outremer pour obtenir un gris-vert. Commencez à peindre le motif en haut du premier panneau, avec un pinceau long et pointu.

3 Continuez à peindre vers le bas du panneau en reposant votre main qui tient le pinceau sur l'autre pour assurer sa fermeté.

4 Déposez un peu de blanc de céruse sur une assiette. Peignez le pot de fleurs et ses spirales avec un pinceau d'artiste. Ajoutez les fleurs, en appuyant sur la brosse. Assombrissez en ajoutant de l'ocre jaune, puis de la couleur de terre pour le pot.

5 Peignez l'autre panneau et laissez sécher. Passez une couche protectrice de vernis mat incolore.

À DROITE : ce dessin sur les portes du buffet apporte une note campagnarde à cette cuisine.

CHAMBRE À COUCHER SCANDINAVE

Cette délicate décoration au tampon sur les murs et les boiseries a été appliquée par touches très légères pour se fondre avec la couleur claire du fond et du mobilier peint, si caractéristique des intérieurs scandinaves.

Matériel nécessaire

- peinture latex mate (bleu-gris, blanc cassé et rouge)
- pot à mélange
- colle à papier peint
- brosses à peindre large et fine
- fil à plomb
- règle
- crayon
- papier calque
- feutre marqueur ou crayon blanc
- cutter
- minirouleau
- vieille assiette
- vernis acrylique mat

1 Mélangez à parts égales peinture bleu-gris et colle à papier peint liquide, et appliquez le mélange à la brosse large. Croisez les passes et fusionnez les coups de brosse pour éviter les traces nettes. Laissez sécher, puis recommencez pour adoucir l'effet.

2 Mélangez 25 % de blanc cassé avec 75 % de colle à papier peint liquide et brossez sur le mur comme précédemment. Laissez sécher.

3 Accrochez un fil à plomb à 2,50 cm d'un coin et servez-vous d'une règle pour tracer une ligne verticale le long du mur. À 40 cm de cette ligne de base, tracez une seconde verticale, toujours avec le fil à plomb et la règle. Continuez tout autour de la pièce.

4 Copiez le motif en fin d'ouvrage et reportez-le sur un rectangle de caoutchouc mousse de forte densité. Découpez le pourtour, mettez en relief le motif.

5 Passez le minirouleau chargé de blanc cassé sur le tampon. Répartissez la peinture sur tout le motif.

6 Avec le pinceau fin, ajoutez des détails de couleurs rouge et bleu-gris sur la peinture blanc cassé.

7 Appliquez le tampon sur le mur en l'ajustant au centre de la ligne verticale. Guidez-vous d'après le point rouge central. Répétez l'opération de telle sorte que le tampon vienne juste au contact du motif précédent. Travaillez de haut en bas.

8 Utilisez le mélange gris-bleu comme couche de fond pour la porte. Exercez une pression sur les soies de la brosse, puis tirez celle-ci régulièrement vers le bas en ligne droite, en suivant le fil du bois.

9 Appliquez la peinture sur le tampon comme précédemment, mais cette fois en ne chargeant que le motif floral. Tamponnez un seul motif en diagonale sur les coins de chaque panneau de la porte.

10 Rajoutez de la peinture sur le badigeon gris-bleu pour foncer la couleur et utilisez ce mélange sur le bord des panneaux de la porte. Laissez sécher, puis appliquez deux couches de vernis mat sur l'ensemble pour protéger les motifs.

À droite : cette décoration à l'atmosphère reposante est parfaite pour une chambre à coucher.

VESTIBULE MÉDIÉVAL

Un hall accueillant, décoré de motifs médiévaux colorés, devient une entrée pleine de classe. Si votre vestibule est sombre et étroit, vous le rendrez plus spacieux en le peignant en deux tons. Une peinture sombre au-dessus du lambris crée l'illusion d'un plafond plus bas, tandis qu'une couleur lumineuse sous la ligne de cimaise, associée à un parquet clair, semble repousser les murs pour donner une impression de largeur. Le dessin de la couronne sur la partie inférieure du mur est tamponné en diagonale (facile à tracer à l'aide d'un fil à plomb et un carton carré).

Matériel nécessaire

- crayon
- peinture latex (bleu-vert foncé, jaune crémeux et crème clair)
- brosse à peindre
- papier de verre fin
- ruban de masquage
- rouleau
- colle à papier peint
- assiette
- rouleau en mousse
- tampons de couronne et losange
- fil à plomb
- carton de 15 x 15 cm

1 Tracez sur le mur une ligne au crayon à la hauteur de la ligne de cimaise. Peignez la moitié supérieure en bleu-vert et l'inférieure en jaune crémeux. Après séchage, poncez délicatement la peinture bleu-vert. Collez un morceau de ruban de masquage le long du bord inférieur du bleu-vert et un autre 10 cm plus bas. Appliquez la peinture crème avec un rouleau peu chargé sur le jaune crémeux.

2 Collez un nouveau morceau de ruban de masquage 2 cm au-dessous de celui marquant le bord de la partie bleu-vert. Chargez une brosse de peinture bleu-vert et passez-la entre les deux bandes inférieures du ruban de masquage. Laissez sécher et retirez les rubans. Poncez légèrement la bande bleu-vert pour lui donner la même apparence que la partie supérieure du mur.

3 Dans une assiette, mélangez bien une part de bleu-vert avec deux parts de colle à papier peint liquide. Encrez le tampon losange à l'aide du rouleau en mousse et tamponnez une rangée de losanges sur l'étroite bande crème.

CI-DESSOUS : les motifs de base géométriques servant de lambris d'appui sont un élément décoratif utile pour séparer les différentes couleurs de fond.

4 Avec le fil à plomb et un carton carré, tracez une grille sur toute la partie du mur peinte en crème. Elle servira de guide pour le tamponnage des couronnes.

5 Imprégnez le tampon couronne d'un mélange de peinture bleu-vert et de colle à papier peint liquide et appliquez-le sur chaque marque faite au crayon. Effectuez plusieurs impressions avant de recharger le tampon, afin de varier les densités du motif.

À DROITE : le thème du vestibule est parfaitement complété par le buffet de style moyenâgeux et ses panneaux fleurdelisés au pochoir.

SALLE DE BAINS ÉTOILÉE

La couleur bleu pâle est idéale pour une salle de bains ou à un escalier, la partie inférieure du mur étant vernie afin de faciliter son nettoyage. Le vernis teinté intensifie la couleur et crée une patine qui contraste judicieusement avec la détrempe pâle du dessus. Le pochoir est inspiré d'un motif traditionnel de tissu.

Matériel nécessaire

- papier calque et crayon
- ciseaux
- carton à pochoir
- adhésif en bombe
- cutter
- détrempe bleu tendre ou enduit de chaux
- large brosse à peindre
- règle
- niveau à bulles
- vernis à l'eau satin clair
- peinture acrylique (bleu de Prusse)

1 Recopiez l'étoile qui se trouve à la fin de l'ouvrage et découpez-la. Passez le dos à l'adhésif et collez-la sur le carton.

2 Découpez l'étoile et son support au cutter, en partant des pointes vers le centre pour que celles-ci restent raides.

3 En partant d'un coin, décollez avec soin le gabarit vers le haut pour récupérer le pochoir par-dessous.

4 Si nécessaire, diluez la peinture en suivant les recommandations du fabricant. Badigeonnez-la sur le mur en donnant des coups de brosse irréguliers.

5 Avec la règle et le niveau à bulles, tracez un trait de référence sur le mur, pour délimiter l'espace où vous souhaitez vernir en plus sombre.

6 Teintez le vernis avec du bleu de Prusse. Appliquez-le avec une autre brosse sur la partie inférieure du mur, sous la ligne qui vient d'être tracée.

7 Passez à la colle en bombe le dos du pochoir et placez-le à une extrémité du mur, 5 cm au-dessus de la ligne. Pochez avec le vernis teinté en larges coups de brosse. Répétez l'opération tout le long du mur en espaçant régulièrement les étoiles.

À DROITE : une étoile géométrique à huit branches fait un beau décor tout simple.

5 Tamponnez les oiseaux sur la branche en rose pâle. Procédez à deux impressions dans des directions opposées. Faites en sorte qu'elles ne soient pas régulières.

6 Nettoyez les éponges, puis imprégnez-les de peinture rouge. Tamponnez le reste des oiseaux le long de la branche en alternant leurs positions.

7 Tamponnez une rangée de cœurs roses et rouges au-dessus de la ligne supérieure pour achever la frise.

À DROITE : les couleurs sur les murs font écho au panneau de la porte qui est peint à main levée avec des motifs floraux, dans l'esprit campagnard.

CUISINE PROVENÇALE

Cette cuisine représente un exemple éclatant de couleurs contrastées. L'effet créé est presque électrique. Les couleurs s'opposent l'une l'autre sur le disque chromatique, provoquant un contraste plein de vigueur. Vous pouvez aussi essayer des combinaisons de bleu et d'orange ou de rouge et de vert. Toutefois, si ces couleurs sont trop vives pour vous, préférez une couleur plus subtile, en conservant le motif tamponné. Les murs de la cuisine sont badigeonnés pour créer un fond irrégulier, marbré. Ajoutez un peu de colle à papier peint dans le badigeon pour faciliter le travail et évitez l'apparition de traînées le long des murs.

Matériel nécessaire

- peinture latex (violet foncé et jaune pâle)
- colle à papier peint
- brosse à peindre
- fil à plomb
- carton d'environ 30 x 30 cm
- crayon
- assiettes en guise de palettes
- rouleaux en mousse
- tampons bouton de rose et petite rose
- peinture acrylique (rouge et verte)
- vernis mat clair et brosse à peindre

1 Constituez un badigeon d'une part de violet foncé, d'une part de colle à papier peint liquide et de quatre parts d'eau. Préparez-le en multiples de six. Il vaut mieux en faire plus qu'il n'en faut. Badigeonnez les murs. S'il y a des traînées, récupérez-les avec la brosse et travaillez-les sur le mur, pour créer un effet irrégulier, marbré.

2 Accrochez le fil à plomb à la hauteur du plafond, juste à partir de l'angle. Tenez le carton carré contre le mur de manière que le fil passe exactement sur sa diagonale. Marquez les quatre coins au crayon. déplacez le carré et marquez les points pour faire ensuite une grille.

3 Versez un peu de peinture violet foncé dans une assiette et passez-y le rouleau jusqu'à ce qu'il soit uniformément imprégné. Encrez le tampon bouton de rose et imprimez-le sur chaque marque faite au crayon, jusqu'à couvrir la totalité du mur.

4 Si vous souhaitez créer une ombre portée, nettoyez le tampon et répandez un peu de peinture jaune pâle sur une assiette. Encrez le tampon et imprimez-le en surcharge décalée sur chaque bouton de rose, en déplaçant légèrement le tampon à chaque fois, comme pour dédoubler le motif.

5 Continuez à imprimer les boutons de rose en surcharge ; estimez à l'œil la position des impressions jaunes.

CI-DESSOUS : cette patère en bois sur le mur est bien assortie au style provençal.

6 Pour les portes du buffet, appliquez une couche de fond jaune pâle. Versez un peu de vert et d'orange brûlé dans les assiettes et passez-y les rouleaux jusqu'à les couvrir uniformément. Imprimez les roses avec l'orange brûlé et les feuilles avec le vert (si une couleur se mélange avec l'autre, essuyez-la et recommencez). Imprimez une rose dans le haut du coin gauche. Rechargez le tampon pour chaque impression.

7 Tamponnez horizontalement et verticalement pour faire une frise le long des bords des panneaux de la porte.

8 Après avoir fait le tour des bords, laissez sécher. Appliquez deux couches de vernis de protection sur les portes.

À droite : le tampon sur les murs et les buffets transforme instantanément une cuisine nue en une pièce parfaitement décorée, évoquant les images de la vaisselle française.

TULIPES PENNSYLVANIENNES

L'art populaire américain se nourrit de riches couleurs et s'inspire de motifs simples évoquant la nature chers aux Allemands et aux Hollandais qui immigrèrent en Pennsylvanie. Vous pouvez créer un effet papier peint, à la main, dans un vestibule ou une salle de séjour en utilisant deux motifs différents de pochoirs. Servez-vous-en pour décorer un buffet, une commode ou – peut-être – le plateau en bois d'une commode.

Matériel nécessaire

- peinture latex (acrylique ; ocre foncé)
- brosses à peindre large et petite
- teinture pour bois (bleu indigo et violet foncé)
- papier calque
- carton à pochoir
- cutter
- crayon
- règle
- ruban de masquage
- brosses à pocher
- peinture à pocher (rouge, vert clair, vert foncé et marron clair)
- soucoupe ou chiffon
- pinceau fin

1 Diluez une part de peinture latex ocre dans une part d'eau. Avec une brosse large, couvrez la partie supérieure du mur. Passez des coups de brosse verticaux pour créer une texture uniforme.

2 Peignez la moitié inférieure du mur, sous la ligne de cimaise, avec la teinture pour bois bleu indigo. Finissez par une ligne ondulée faite avec la brosse à sec pour imiter le fil du bois.

3 Peignez la moulure de cimaise (ou ligne l'imitant) à la hauteur adéquate, avec la teinture violet foncé, à l'aide d'une brosse étroite pour créer un bord net.

4 Copiez le gabarit de la tulipe en fin d'ouvrage et faites votre propre gabarit de cœur pour aller ensemble. Découpez les pochoirs sur le carton à pochoir. Marquez le centre de chaque bord du pochoir. Mesurez le mur et divisez-le en sections égales, afin que les figures répétées tombent à 20 cm d'intervalle. Marquez légèrement les positions au crayon, afin de pouvoir les effacer aisément.

5 Plongez la brosse à pocher dans la peinture rouge. Frottez-la sur un chiffon, jusqu'à ce qu'elle soit presque sèche, avant de pocher les tulipes. Laissez sécher.

6 Peignez les feuilles à la peinture vert clair et les ombres en vert foncé. Peignez les tiges en vert foncé au pinceau d'artiste. Laissez sécher.

7 Pochez le panier en marron clair avec la brosse à pochoir.

8 Pochez un seul cœur entre chaque panier de tulipes à l'aide de la peinture à pocher rouge, toujours avec la brosse à pochoir.

9 La porte de cette boîte à clés est décorée d'un seul motif central.

À DROITE : ces brillantes couleurs campagnardes réveillent aussitôt un vestibule sombre, donnant un air printanier à votre maison grâce à un charmant thème floral.

ENTRÉE MEXICAINE

Chassez l'hiver de votre entrée en l'habillant du jaune éclatant du soleil et du bleu intense du ciel mexicain. Pour réchauffer encore l'atmosphère, ajoutez une touche exotique en tamponnant une bordure aztèque le long des murs. Utilisez les gabarits en fin de volume et découpez ces formes géométriques dans une éponge de densité moyenne. Mélangez des teintes vertes avec des violets, ajoutez un rouge terreux, puis tamponnez des losanges en rose fuchsia, à l'éclat si pur. La peinture acrylique (appelée souvent aussi latex) existe dans une large gamme de couleurs. Ne vous laissez pas tenter par des couleurs sourdes pour cette frise : elle perdrait tout son impact. Les couleurs brillantes se marient bien avec les matières naturelles, comme les chapeaux de paille, les nattes en sisal, les paniers en osier et les pots en argile.

Matériel nécessaire

- centimètre (mètre ruban)
- niveau à bulles
- crayon
- peinture acrylique (jaune citron et bleu ciel foncé)
- rouleau de peinture et cuvette
- petites quantités de peinture acrylique (gris-bleu clair, rouge brique, violet, rose fuchsia et vert foncé)
- 5 assiettes
- éponge en mousse de caoutchouc

1 Divisez le mur à la hauteur de la cimaise en vous aidant du centimètre (mètre ruban), du niveau à bulles et du crayon. Passez au rouleau la partie supérieure en jaune citron et la partie inférieure du mur en bleu ciel foncé. Avec le niveau à bulles et le crayon, tracez une ligne parallèle à environ 15 cm de la partie peinte en bleu.

2 Servez-vous des gabarits en fin de volume pour fabriquer les tampons en mousse de caoutchouc. Tamponnez ensuite une ligne gris-bleu clair juste au-dessus de la partie peinte en bleu. Appuyez-vous sur cette bande pour tamponner la ligne supérieure de la bordure le long de la ligne tracée au crayon.

3 Étalez une couche égale de chaque couleur de la frise dans des assiettes distinctes. Utilisez, en alternance, les rectangles et les triangles pour tamponner une rangée en violet au-dessus de la ligne du bas et sous celle du haut. Faites d'abord un essai sur un bout de papier pour vous assurer que le tampon n'est pas trop chargé en peinture.

4 Tamponnez la forme la plus grande en rouge brique. Alignez-la de façon que le tampon tombe bien entre les sommets des triangles du haut et du bas de la frise. Il devrait rester un espace d'environ 1,25 cm, laissant voir la couleur de fond, entre cette forme brique rouge et les triangles.

5 Tamponnez les formes en losange en rose fuchsia au milieu des motifs rouge brique déjà imprimés.

6 Réalisez enfin un bord zigzagant de triangles vert foncé en surimpression sur les bandes peintes en gris-bleu clair.

À DROITE : le mobilier rustique en bois apporte une touche authentique à ce décor mexicain.

SALLE DE SÉJOUR SANTA FE

Les motifs aztèques, tels que l'oiseau présenté ici, sont puissants, stylisés, unidimensionnels. Ils se traduisent très bien en tampons. Les contrastes forts conviennent à ce style. De plus, ici, le motif se trouve isolé dans un espace très vaste, sur un mur peint en blanc, et est rendu encore plus discret par un brossage à sec de peinture blanche.

Matériel nécessaire

- peinture latex (blanc cassé, blanc de céruse, rouge foncé et bleu marine)
- récipient pour mélanger la peinture
- éponge naturelle
- brosses à peindre grande et moyenne
- fil à plomb
- règle
- crayon
- ruban de masquage
- feutre
- éponge de densité moyenne
- cutter
- petit rouleau
- vieille assiette
- mousse en caoutchouc très dense

1 Diluez la peinture blanc cassé dans 50 % d'eau et badigconnez le mur à l'éponge, en larges mouvements circulaires. Laissez sécher.

2 Avec une brosse large, appliquez sur certaines zones du mur, presque à sec, un blanc soutenu pour créer une surface à d'aspect rustique. Laissez sécher.

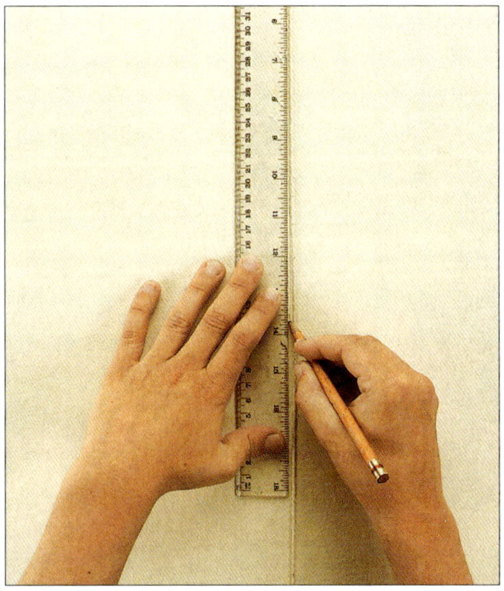

3 Accrochez un fil à plomb à 10 cm d'un angle de mur et tracez une ligne droite verticale de haut en bas.

4 Tracez une seconde ligne verticale à 45 cm de la première en vous aidant du fil à plomb. Tracez une autre ligne à 10 cm de la précédente pour faire une bande. Répétez l'opération sur tout le mur.

5 Posez du ruban de masquage à l'extérieur du tracé des bandes.

6 Peignez les bandes en rouge foncé. Laissez sécher.

7 Découpez au cutter, dans une éponge de densité moyenne, une forme en losange de 10 x 20 cm.

8 Chargez de peinture bleu marine le tampon en losange, à l'aide d'un petit rouleau. Commencez à l'appliquer par le haut. Rechargez le rouleau après chaque coup de tampon.

9 Copiez le gabarit de l'oiseau se trouvant en fin de volume et découpez-le au cutter dans une mousse caoutchouc de forte densité.

10 Chargez le rouleau de blanc cassé et appliquez-le sur l'oiseau. Tamponnez-le approximativement au centre des losanges.

11 Quand les motifs sont bien secs, brossez à sec, avec une pression très légère, chaque bande avec de la peinture latex blanc de céruse.

À DROITE : les effets peints sont associés à un mobilier en bois pour créer une harmonie.

TÊTE DE LIT INDIENNE

Cette tête de lit en forme de voûte s'inspire des représentations murales des temples indiens. La chambre à coucher semble transportée, comme par magie, à des milliers de kilomètres. Mais la magie vient ici d'un simple pot de peinture. Avant de peindre cette tête de lit, créez l'atmosphère propice en badigeonnant les murs de couleur rouille. Si possible, utilisez une détrempe à base d'eau pour un authentique velouté poudreux. Si vous vous servez de peinture acrylique (latex), délayez-la à l'eau et passez-la en coups de brosse irréguliers pour un aspect marbré. L'arc est dessiné à la craie sur le mur à l'aide du gabarit en papier.

Matériel nécessaire

- grand rouleau de papier d'emballage
- stylo-feutre
- ruban de masquage (facultatif)
- ciseaux
- adhésif en bombe aérosol
- craie
- peinture acrylique (bleu foncé, bleu brillant et rouge)
- assiette et éponge de cuisine
- peinture acrylique (latex ; couleur sable)
- brosses à peindre moyenne et fine
- papier de verre à grain fin

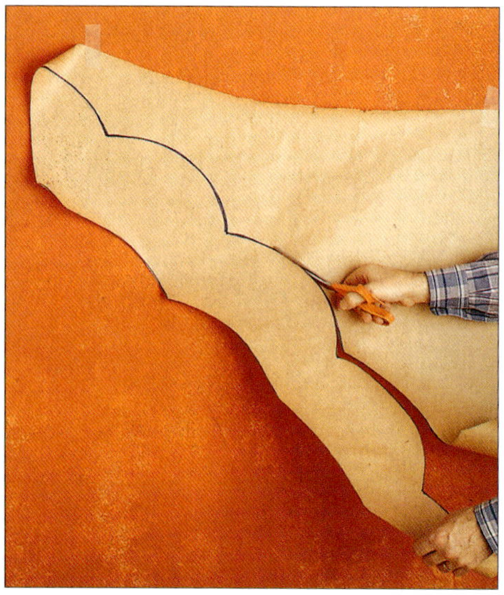

1 Fixez une feuille de papier d'emballage sur le mur avec du ruban adhésif et dessinez directement dessus la moitié de l'arc, en suivant la forme du motif. Découpez aux ciseaux ce demi-arc.

2 Placez sur le mur le motif en papier avec l'adhésif et dessinez autour les bords à la craie.

3 Retirez du mur le gabarit en papier. Retournez-le et fixez-le de la même manière à l'opposé pour reproduire la seconde moitié de l'arc. Dessinez les contours comme précédemment.

4 Étalez un peu de peinture bleu foncé dans une assiette et imbibez-en une éponge humide que vous passerez sur le panneau central. Ne couvrez pas complètement le fond mais laissez transparaître une partie de sa couleur. Une fois que la peinture est bien sèche, appliquez de la même manière la peinture bleu brillant sur le bleu foncé.

5 Laissez sécher complètement la peinture bleue, puis peignez l'arc en couleur sable avec une brosse moyenne.

6 Lorsque la peinture sable est sèche, poncez-la par endroits pour créer un effet défraîchi.

7 Avec une fine brosse, soulignez le contour intérieur et extérieur de l'arc à la peinture rouge. Assurez la fermeté de la main tenant la brosse avec l'autre. Utilisez toute la largeur de la brosse pour peindre la bande en une seule fois.

8 Soulignez la bande rouge extérieure par une ligne plus mince de bleu foncé. Travaillez comme à l'étape précédente. Faites en sorte que la ligne soit aussi nette que possible.

9 Laissez sécher, puis adoucissez tous les bords trop durs avec le papier de verre, pour que l'arc paraisse naturellement défraîchi comme sur le mur d'un vieux temple.

À droite : une tête de lit peinte transforme instantanément le plus simple des lits en un élément de mobilier au style défini.

RESSERRE DE JARDIN

Créez l'ambiance reposante d'une resserre campagnarde dans un endroit où vous remisez tout le fouillis qui sert au jardinage. Ici, on applique la technique du glacis veiné, on ajoute des couches de peinture pour produire un environnement à l'aspect léger et feutré. Le mur est brossé à sec de haut en bas en tirant la brosse pour obtenir un effet doucement texturé. On passe quatre couches de couleurs pour donner de la profondeur dans la mesure où l'on peut voir chacune des différentes couleurs. La jardinière et les pots sont travaillés en vert-de-gris pour en faire des éléments décoratifs de style.

Matériel nécessaire

- peinture latex (blanche, crème, vert mousse et vert cendré)
- grande brosse à peindre
- pot
- jardinière
- papier de verre
- peinture satinée ou brillante (vert jade)
- peinture satinée (bronze et or)
- cire ou peinture pour dorure, base cuivre
- chiffon à lustrer

1 Passez une couche de fond de peinture blanche et laissez sécher. Plongez le bout des soies d'une grande brosse dans la peinture crème, égouttez l'excès et appliquez-la sur le mur en longs coups verticaux. Variez les points de départ de chaque coup et faites en sorte que la couche de fond reste visible. Laissez sécher complètement.

2 Plongez ensuite le bout des soies de la brosse dans la peinture vert mousse. Égouttez la brosse. Passez-la presque à sec sur le mur en longs coups verticaux. Assurez-vous que la couche inférieure reste visible. Laissez sécher.

3 Passez une couche de peinture vert cendré de la même façon, en tirant la brosse verticalement, tout en laissant voir les sous-couches. Laissez sécher complètement.

4 Quand la peinture précédente est bien sèche, passez une brosse très peu chargée de peinture crème de la même façon que dans les étapes 2 et 3.

À DROITE : des couches brossées à sec de vert tendre et de crème créent un fond agréable qui inspire calme et tranquillité. Cet effet fera de cet espace une retraite loin des tracas de la vie quotidienne et un endroit en harmonie avec la nature, où l'on prendra plaisir à soigner les plantes.

5 Préparez la jardinière. Poncez-la au papier de verre pour que la peinture puisse bien adhérer. Passez une couche de fond vert jade satinée ou brillante et laissez sécher complètement.

6 Pochez légèrement la peinture satinée bronze, avec le bout des soies de la brosse à pocher, en laissant transparaître la couche de fond.

7 Pochez la peinture satinée or sur toute la surface, plus légèrement encore que la couche bronze, en taches irrégulières.

8 Avec une brosse à sec, tirez la peinture sur la couche de fond vert jade, pour fondre légèrement les couleurs. Laissez sécher. Avec l'extrémité des soies de la brosse, passez un peu de cire pour dorure, base cuivre, sur toute la surface. Polissez ensuite avec le chiffon à lustrer pour obtenir un beau brillant.

À DROITE : les couleurs utilisées ici sont claires et rehaussées par le mobilier et les accessoires peints harmonieusement.

SALON JAPONAIS

L'emploi du rouleau à poils longs permet de réchauffer l'atmosphère de ce salon de style japonais. Deux couleurs se mélangent et se confondent durant leur application pour donner un fond idéal prêt à recevoir un dessin de feuillage exécuté à main levée. On apportera une touche d'authenticité en peignant des panneaux de bambous, un travail amusant à réaliser. On achèvera l'ouvrage par une délicate finition à la peinture laquée.

Matériel nécessaire

- peinture acrylique (blanc cassé, jaune sable, crème léger et prune)
- large brosse à peindre
- rouleau à poils longs
- bac plastique à cannelure
- crayon
- pinceau fin
- peinture satinée ou brillante (jaune pâle)
- peinture à l'huile (jaune ocre et terre d'ombre brûlée)
- essence de térébenthine, white spirit
- petit seau à peindre ou pot vide
- centimètre (mètre ruban)
- brosse de pouce
- table basse
- papier de verre à grain fin
- peinture, finition brillante (prune)
- peinture laquée en bombe (prune)
- vernis brillant en bombe

1 Appliquez sur le mur une couche de fond blanc cassé et laissez sécher complètement.

2 Versez de chaque côté du bac du rouleau de la peinture jaune sable et crème léger. Chargez le rouleau de peinture et passez-le sur le mur sous différents angles en évitant soigneusement de recouvrir totalement la couche de fond.

3 Lorsque le mur est sec, marquez au crayon la hauteur et le point d'étalement des feuilles. Tenez compte de la largeur des panneaux de bambous entre les feuillages. Dessinez-les en même temps. Tracez les lignes médianes – supports des feuilles –, et assurez-vous qu'elles sont également espacées autour de la pièce ; dessinez enfin les feuilles à main levée.

4 Servez-vous d'un pinceau fin pour la tige de couleur prune (acrylique).

5 Peignez les feuilles toujours en couleur prune. Certaines parties de celles-ci exigeront une seconde couche.

6 Masquez le bord de chaque panneau. Appliquez deux couches de jaune pâle (finition satinée ou brillante) ; laissez sécher. Diluez la peinture à l'huile jaune ocre avec de l'essence de térébenthine dans un petit seau à peindre, jusqu'à obtenir une consistance de crème épaisse. Étalez ce mélange sur la surface. Laissez sécher complètement.

7 Mesurez et tracez au crayon des bandes de 1,5 cm de large dans le sens de la hauteur. Une fois ce travail achevé, tracez les extrémités arrondies des bambous tous les 30 cm. N'en faites pas trop, sinon l'effet sera trop chargé.

8 Diluez la peinture à l'huile terre d'ombre brûlée à l'essence. Avec le pinceau à filet, passez ce mélange sur les lignes tracées au crayon, prolongez-les au milieu de chaque bout de bambou sur environ 10 cm de long. Aspergez quelques gouttes de peinture sur la surface et estompez l'effet, de haut en bas, avec le bord de la brosse de pouce.

9 Commencez par poncer à fond la table basse jusqu'à ce qu'elle soit complètement lisse. Nettoyez-la pour supprimer toute trace de poussière. Appliquez une couche de fond de peinture brillante et laissez sécher. Poncez-la de nouveau afin qu'elle soit parfaitement lisse.

10 Passez une seconde couche de fond. Laissez bien sécher.

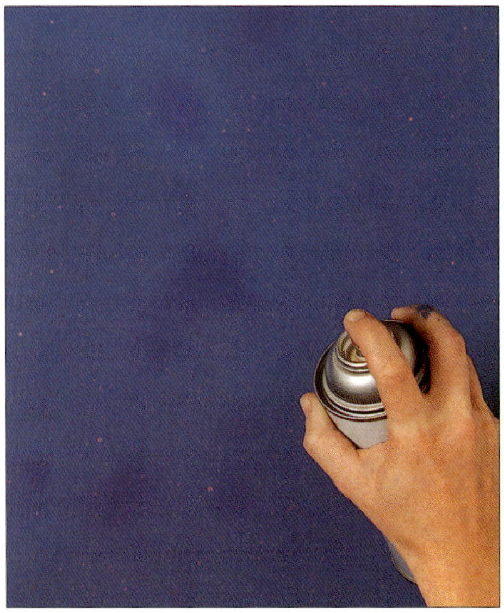

11 Appliquez à la bombe la peinture laquée, brillante de la même couleur que la couche de fond. Laissez de nouveau sécher complètement. Appliquez, toujours à la bombe, une couche de protection finale sous forme de vernis brillant.

À droite : la table est laquée dans une couleur prune pour rappeler la couleur des feuilles sur le mur. Cette couleur crée un contraste sophistiqué par rapport aux murs jaune crémeux et aux tons ocre des panneaux de bambous, sans pour autant paraître trop écrasante.

ENTRÉE CATHÉDRALE

Transformez l'entrée de votre maison en un espace convivial et serein en décorant les murs par un faux effet de pierre de taille, réminiscence des vieilles églises de campagne. Cette technique est facile, elle repose sur la précision du tracé de la grille comportant les blocs de pierre avant de les peindre. On renforcera l'effet église en peignant le buffet dans une couleur chêne sombre. On obtient cette riche couleur en utilisant de la peinture à l'huile couleur terre d'ombre brûlée.

Matériel nécessaire

- éponge
- peinture acrylique (couleur pierre, blanc cassé et beige)
- niveau à bulles
- crayon
- seau à peindre
- colle à papier peint
- brosse à peindre à bout plat de 1,25 cm
- buffet en bois
- peinture beige, finition brillante ou satinée
- peinture à l'huile (terre d'ombre brûlée)
- térébenthine
- peigne fin à faux bois, largeur de dents variable
- roulette à faux bois
- chiffon
- large brosse à peindre
- vernis

1 Plongez l'éponge dans la peinture couleur pierre et passez-la sur le mur en un mouvement circulaire, pour créer un effet général marbré.

2 Passez une seconde couche de la même peinture pour remplir les endroits vides. Laissez sécher. Cette opération crée un léger effet de mouvement mais l'ensemble reste presque uni.

3 En vous aidant du niveau à bulles et d'une grande règle, tracez une grille imitant des blocs de pierre taillés régulièrement.

4 Mélangez à parts égales peinture blanc cassé et colle à papier peint liquide. Avec la petite brosse plate, peignez un trait en haut et à droite de chaque bloc. Laissez sécher.

5 Assurez-vous que les coins en onglet sont peints de façon bien nette.

6 Mélangez à parts égales peinture beige et colle à papier peint liquide dans un petit pot. Avec la même brosse plate, peignez un trait le long de la base et à gauche de chaque bloc, en commençant chaque ligne sur un coin en onglet.

7 Passez deux couches de peinture beige (brillante ou satinée) comme couches de fond sur le buffet. Laissez bien sécher. Diluez la peinture terre d'ombre brûlée avec de l'essence de térébenthine dans un petit pot jusqu'à obtenir la consistance d'une crème épaisse. Travaillez toujours dans la même direction.

8 Tirez le peigne vers le bas, de telle sorte que les lignes soient un peu irrégulières et donnent l'impression de s'entrechoquer.

9 Avec le tampon à faux bois, attaquez-vous au grainage du bois. Tirez l'outil de haut en bas, délicatement, en lui donnant un léger mouvement de bascule pour créer des ovales irrégulièrement espacés. Faites se chevaucher les lignes. Donnez un coup de peigne à dents fines sur le peignage réalisé précédemment.

10 Enroulez un chiffon sur le peigne et appliquez-le, par petites touches, sur la surface pour créer un grain en diagonale sur la peinture fraîche. Adoucissez l'effet général avec la grande brosse à sec. Vernissez après séchage.

À DROITE : rehaussez l'effet cathédrale des blocs réguliers de pierre en disposant un bouquet de fleurs et des accessoires, comme de vieux livres à reliure en cuir. On trouve facilement des bougies d'église ; elles diffusent une délicate lumière à la tombée de la nuit.

AUT MANDATA

SALLE DE BAINS ÉGYPTIENNE

L'emploi du rouleau à poils longs est idéal pour camoufler les petites imperfections du plâtre et pour donner l'impression d'une surface légèrement texturée. Cette salle de bains est décorée de motifs d'éventail à l'égyptienne, qui ont été soigneusement mesurés et dessinés avant d'entreprendre la peinture. Les formes sont masquées pour faciliter leur peinture, puis soulignées à la peinture pour les faire ressortir nettement. La décoration des motifs est faite au peigne alors que la peinture est encore fraîche.

Matériel nécessaire

- peinture acrylique (jaune pâle, blanc cassé, orange et turquoise)
- colle à papier peint
- pot à mélange
- large brosse à peindre
- crayon
- grande règle
- punaises
- ficelle
- ruban de masquage
- peigne en plastique ou en caoutchouc
- pinceau à filet

1 Passez les murs au rouleau à poils longs avec de la peinture jaune pâle et blanc cassé de la même façon. Après séchage, dessinez la forme des éventails au crayon. Aidez-vous d'une grande règle, en mesurant et marquant les deux côtés par rapport à une ligne verticale centrale. Fixez un bout de la ficelle sur cette ligne avec une punaise et attachez le crayon à l'autre bout. Tracez alors un arc de cercle figurant le haut de l'éventail. Agissez de même pour les moitiés de l'éventail plus petit.

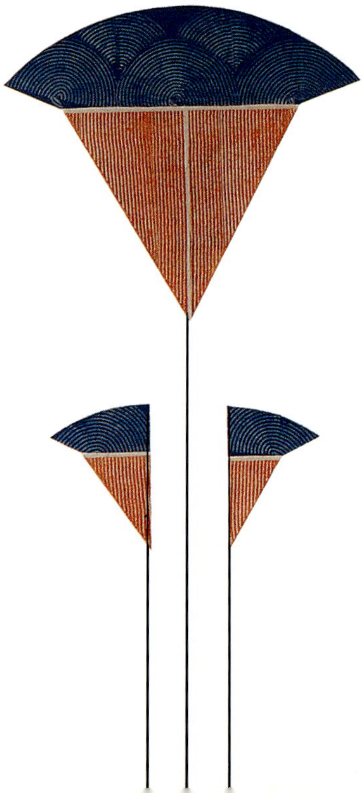

2 Masquez soigneusement au ruban les contours de la partie inférieure de chaque éventail (la forme triangulaire) puis passez ces triangles à la peinture orange.

3 Avant qu'elle ne sèche, travaillez la peinture orange avec un peigne, verticalement de haut en bas, en veillant à ce que la main ne tremble pas, de façon que le lignage reste bien droit. Laissez sécher.

4 Masquez au ruban le contour des parties supérieures de chaque éventail et brossez complètement l'intérieur avec la peinture turquoise.

5 Travaillez la peinture au peigne immédiatement. Pour obtenir les motifs semi-circulaires, commencez par donner un certain angle au peigne, puis donnez un coup de poignet en arc de cercle, à partir de la gauche, sans bouger le bas du peigne. Laissez sécher.

6 Diluez la peinture blanc cassé avec un peu d'eau pour obtenir un mélange légèrement crémeux. À l'aide d'un pinceau à filet, peignez avec ce mélange une ligne fine tout autour des formes colorées pour rendre bien net tout bord irrégulier. Enfin, peignez la ligne centrale du grand éventail et les lignes des deux demi-éventails.

À DROITE : Ces motifs d'éventail égyptien sont peints dans les couleurs orange et turquoise qu'affectionnaient les pharaons. Ces couleurs étaient obtenues à partir des minéraux et d'argiles ; leurs couleurs de terre sont complémentaires du badigeon jaune pâle du mur. Ce décor éclatant est complété par des accessoires brillants et des volets colorés.

BUREAU EN TARTAN

Ce décor chaleureux constitue une aide précieuse pour se concentrer quand on a besoin de lire, d'écrire ou d'étudier sérieusement ! Le tissu écossais, consacré par la tradition, dégage une sensation de confort. Une frise reproduisant un motif de tartan est moins compliquée à peindre qu'on pourrait le penser. Il suffit de prendre des cotes précises pour réussir un tel effet, cette technique permettant de réaliser un grand nombre de combinaisons de couleurs et de motifs. Le mobilier de bureau d'époque coûte très cher, mais il est facile de peindre un bureau bon marché en faux bois foncé et d'y incruster un motif de faux cuir.

Matériel nécessaire

- peinture acrylique (vert foncé, pourpre)
- brosse à peindre
- grande règle et crayon
- papier cache
- minirouleau
- peinture acrylique dorée
- pinceau à filet
- peinture satinée (rose pâle et chêne foncé)
- bureau ou table
- reboucheur
- peinture à l'huile (rouge cramoisi)
- éponge synthétique
- vernis

1 Passez deux couches de peinture bordeaux sur les murs que vous voulez décorer. Laissez sécher.

2 Après avoir décidé de la longueur et de la largeur de la frise à motif écossais, prenez des mesures et faites des marques au crayon. En tenant compte de la largeur du rouleau, masquez les bordures horizontales avec du ruban à masquer.

3 Mesurez et marquez la grille pour le motif principal en traçant les lignes verticales, toujours en tenant compte de la largeur du rouleau utilisé.

4 Enduisez le minirouleau de peinture vert foncé et passez-le sur les lignes horizontales tracées au crayon. Laissez sécher.

5 Faites de même pour les lignes verticales avec la peinture vert foncé.

6 Diluez la peinture acrylique dorée pour obtenir un mélange crémeux. Avec le pinceau à filet, tracez une ligne mince à environ 2,5 cm à droite de chaque ligne verticale vert foncé. Laissez sécher.

7 Toujours avec le même mélange de peinture dorée, peignez une ligne mince à 2,5 cm sous chaque ligne horizontale verte.

8 Passez tout le bureau à la peinture chêne foncé. Laissez sécher. Tracez un grand rectangle sur le plateau et masquez les bords. Appliquez une couche de fond de peinture rose pâle et laissez sécher. Mélangez la peinture rose pâle avec la poudre de plâtre pour obtenir un mélange pâteux. Appliquez-la sur toute la surface jusqu'à ce qu'elle atteigne une épaisseur d'environ 1 cm.

9 Pour texturer la surface, pochez toute la surface par petites touches avec le bout des soies de la brosse utilisée à l'étape 8. Laissez bien sécher.

10 Passez une couche de peinture à l'huile pourpre non diluée sur toute la surface. Appliquez des petites touches avec la même brosse qu'à l'étape 9.

11 Effleurez très délicatement la surface avec le plat d'une éponge propre et sèche. N'exercez aucune pression. Posez seulement l'éponge sur la surface pour éponger un peu de peinture de la couche supérieure et pour éclaircir toute la texture. Vernissez après séchage.

À DROITE : les couleurs profondes choisies pour cette imitation de tartan s'accordent et forment contraste avec celles du mur, d'où un ensemble coordonné. Bordures et bandes des motifs définissent la forme d'une pièce. En disposant une frise horizontale juste sous le niveau de la fenêtre, on amplifie sa largeur.

SALON COLONIAL

La méthode la plus facile pour créer un effet de panneaux en bois consiste à tirer la peinture avec une brosse plate. Il s'agit de tirer la peinture encore fraîche avec le bout des soies de la brosse à sec, dans le sens du fil du bois. Cette technique produit un effet saisissant dans les pièces où la surface du panneautage peut être importante, comme dans ce salon de style colonial. Il est important que les lignes de chaque partie verticale ou horizontale soient nettes et continues. Les coups de brosse doivent donc être naturels.

Matériel nécessaire

- peinture acrylique industrielle (blanc cassé et marron)
- brosse à peindre
- grande règle
- crayon
- ruban de masquage
- colle à papier peint
- seau à peindre ou pot
- pinceau à demi-teinte
- chiffon

1 Passez deux couches de blanc cassé sur tout le mur. Laissez sécher. Mesurez et tracez les limites du panneautage à la règle et au crayon. Assurez-vous que les proportions sont bien équilibrées sur tout mur.

2 Posez du ruban de masquage autour de la ligne de cimaise. Mélangez à parts égales peinture marron et colle à papier peint liquide. Passez ce mélange sur la bande de cimaise. Tirez horizontalement une brosse à sec sur cette bande pour éponger un peu de peinture et créer un effet plus clair. Posez du ruban de masquage sur le bord des panneaux principaux en réalisant des angles coupés d'onglet. Tirez verticalement la peinture dans le panneau central.

3 Masquez le haut et le bas des petits panneaux supérieurs. Peignez puis tirez la peinture horizontalement.

4 Retirez le ruban autour du panneau central. Brossez le mélange marron sur les côtés du panneau et tirez la peinture verticalement. Laissez sécher.

À GAUCHE : en masquant les coins coupés d'onglet, vous pouvez tirez avec précision la peinture jusqu'aux angles. Les effets d'ombre et de lumière donnent l'illusion de profondeur. Vous pouvez parfaire cet effet en utilisant du ruban de masquage avant d'appliquer la peinture, pour le retirer, longueur par longueur, au fur et à mesure que vous peignez les côtés.

5 Retirez le ruban du bas des panneaux centraux et appliquez, avec un pinceau d'artiste, une seconde couche de mélange marron pour créer un effet d'ombre plus sombre. Répétez l'opération sur le côté droit du panneau (si la lumière vient de la gauche).

6 Retirez le ruban à gauche des panneaux centraux et passez une couche du mélange marron. Tirez la peinture à la brosse le long du côté intérieur. Pour créer un effet de lumière vive, servez-vous d'un chiffon, pendant que la peinture est encore humide, entourez-le autour de l'index et faites-le courir le long de la bande pour éliminer le maximum de peinture possible. Répétez l'opération sur le côté supérieur (si la lumière vient de la gauche).

À DROITE : le mobilier en cuir et les accessoires en bois sombre complètent parfaitement l'effet de panneautage en faux bois ; ils renforcent la connotation coloniale.

CUISINE DE BORD DE MER

Recréez pour toute l'année, dans votre cuisine, l'ambiance heureuse des vacances à la plage. Les murs sont badigeonnés avec deux couches de peinture de la même couleur pour produire une toile de fond animée et donner de la profondeur. On tamponne dessus de simples motifs de pavois, une façon allusive d'évoquer la mer. Les détails seront peints avec un petit pinceau. La peinture écaillée sur le buffet est due à l'application d'un vernis à craqueler entre les deux couches de couleur et à un brossage à sec.

Matériel nécessaire

- peinture acrylique (blanche, bleu moyen et jaune moyen)
- spalter (grande brosse large)
- colle à papier peint
- pot à mélange
- minirouleau
- tampon de pavois
- pinceau
- buffet
- brosse à peindre
- vernis à craqueler moyen

1 Appliquez sur le mur une couche de fond de peinture blanche. Laissez sécher. Mélangez à parts égales peinture bleue et colle à papier peint liquide. Appliquez ce mélange au spalter de façon irrégulière, en laissant transparaître, dessous, la couche de fond.

2 Lorsque la première couche de badigeon bleu est sèche, passez une seconde couche, en passes croisées.

3 À l'aide du minirouleau, passez une bonne couche de peinture blanche sur le relief du tampon.

4 Choisissez les endroits où vous comptez appliquer le tampon, puis pressez-le fermement sur le mur.

5 Appliquez le tampon de façon aléatoire, en prenant soin de ne pas appliquer deux motifs sur la même ligne.

6 Lorsque cette opération est achevée, utilisez le pinceau pour peindre la hampe des pavois en jaune.

7 Décorez le buffet en passant d'abord deux couches de fond de peinture bleu moyen. Laissez sécher.

À DROITE : le buffet et autres petits objets du mobilier sont faciles à traiter en leur donnant un aspect vieilli et craquelé. Utilisez cet effet pour imiter l'aspect des cabines de plage exposées au sel marin et aux conditions climatiques extrêmes provoquées par la pluie et le soleil.

8 Après séchage de la peinture bleue, passez une bonne couche de vernis à craqueler au centre du panneau, en respectant les instructions du fabricant.

9 Passez sur ce vernis une bonne couche de peinture blanche. Ne surbrossez pas, ou le vernis réagira trop vite à la peinture et produira l'effet craquelé. Laissez sécher verticalement pour aboutir à un effet craquelé spectaculaire.

10 Finissez la bordure du buffet en supprimant l'excès de peinture blanche sur la brosse et en brossant à sec le pourtour en suivant le sens du grain du bois.

À DROITE : le thème marin est accentué par les accessoires de la cuisine, tels la vaisselle en porcelaine à bandes et des petits bateaux en bois. Des étagères en blanc uni donnent un effet vieilli ; on peut aussi les fabriquer dans un bois trouvé sur la plage.

SALLE DE BAINS NÉOCLASSIQUE

Après une dure journée de labeur, laissez-vous transporter dans l'atmosphère relaxante des anciens thermes romains, mais avec tout le confort moderne. La vieille baignoire en fonte de cette salle de bains a été peinte extérieurement en faux marbre avec de la peinture laquée comme couche de fond. Servez-vous d'un pinceau à filet pour imiter les veines du marbre, puis estompez-les pour obtenir un aspect subtil encore plus réaliste. Les panneaux du mur sont traités en trompe-l'œil avec un effet de ciel délicat donnant l'impression qu'on est en train de regarder à travers une colonnade ou une fenêtre ouverte, et de respirer l'air vivifiant de l'extérieur.

Matériel nécessaire

- vieille baignoire en fonte
- peinture laquée (blanche)
- brosse à peindre
- peinture à l'huile (gris moyen)
- essence de térébenthine, white spirit
- pot à mélange
- pinceau à filet
- brosse à pocher
- vernis brillant
- peinture acrylique (blanche et bleu ciel)
- peinture acrylique, finition soyeuse (blanche)
- éponge et crayon
- colle à papier peint

1 Passez deux couches de peinture laquée blanche sur la surface extérieure de la baignoire.

2 Diluez un peu de peinture à l'huile gris moyen avec de l'essence de térébenthine dans un petit pot jusqu'à obtenir la consistance d'une crème épaisse. Servez-vous de ce mélange pour peindre les fines veines du marbre avec le pinceau à filet.

3 Adoucissez les veines en passant dessus la grande brosse à pocher.

4 Rajoutez des veines, sans vous soucier des précédentes mais en travaillant dans la même direction.

5 Adoucissez ces nouvelles veines en passant sur elles la brosse à pocher, en appliquant cette fois-ci une très légère pression pour leur donner un côté légèrement plus prononcé.

6 À l'aide du pinceau à filet, ajoutez une ligne bien marquée à la seconde série de veines. Tirez la brosse à pocher sur ces lignes si elles paraissent trop accusées. Laissez sécher. Vernissez pour une finition brillante.

7 Pour peindre les murs, passez deux couches de peinture blanche pour le fond. Laissez sécher après chaque couche. Trempez l'éponge dans la peinture bleu ciel. Égouttez l'excès et faites un épongé en positif sur la surface en imprimant un mouvement circulaire et en donnant un effet marbré. Appliquez une seconde couche de bleu ciel, toujours avec l'éponge. Cette seconde couche laissera un effet presque uni mais d'apparence légèrement marbrée.

8 Avec un crayon fin, dessinez grossièrement les contours des nuages pour vous guider au moment de peindre.

9 Diluez à parts égales peinture blanche satinée et colle à papier peint liquide dans un pot et pochez cette solution sur la partie consacrée aux nuages, en commençant par le contour crayonné. Continuez de pocher de haut en bas, sans recharger la brosse afin de fondre la couleur. Suggérez la profondeur des nuages en couches successives après que chacune a séché. Commencez la première couche par le bord du haut et pochez de haut en bas. Cela renforce l'effet.

10 Enfin, faites un bord plus net pour faire ressortir le blanc.

À DROITE : ce merveilleux ciel en trompe-l'œil est entrevu à travers des fenêtres suggérées et renforce l'illusion d'espace dans la salle de bains. Essayez aussi d'en faire au plafond. La luminosité s'obtient en travaillant la surface plusieurs fois, tout en dégradant la couleur au fur et à mesure et sans recharger la brosse de peinture.

SALLE À MANGER MANHATTAN

Ce mur au décor minimaliste composé de bandes, assez étonnantes d'ailleurs, constitue la toile de fond d'une pièce où se retirer, véritable havre de paix loin du tumulte de la vie urbaine. L'impact de ces larges bandes sera plus fort si on les commence juste au-dessus des plinthes, au niveau du parquet. On a peint le plateau de la table en faux hêtre, le motif et la texture ont été obtenus à l'aide d'un tampon à faux bois et d'un peigne. Ces techniques se maîtrisent facilement. N'oubliez pas, à la fin, de vernir la table pour protéger votre œuvre.

Matériel nécessaire

- peinture acrylique (blanc cassé et gris)
- brosse à peindre
- grande règle
- niveau à bulles
- crayon
- tampon laqueur
- table
- peinture satinée (blanche)
- peinture à l'huile (jaune de Naples)
- essence de térébenthine, white spirit
- pot ou seau à peindre
- tampon pour imiter le bois
- peignes
- vernis

1 Passez deux couches de blanc cassé sur le mur. Laissez la peinture sécher complètement.

2 Aidez-vous de la règle et du niveau à bulles pour tracer au crayon des bandes de 30 cm de large.

3 Peignez les bandes en alterné à la peinture grise en vous servant du tampon laqueur. Attaquez en priorité les bords avant de peindre l'intérieur des bandes. Le tampon sera bien chargé mais non surchargé. Appliquez-le fermement en le tirant sur la ligne tracée au crayon pour obtenir un bord net.

4 Passez deux couches de peinture blanc satinée sur la table pour créer le faux effet hêtre. Laissez sécher avant de passer la seconde couche. Diluez le jaune de Naples dans un peu d'essence de térébenthine jusqu'à obtenir la consistance d'une crème épaisse. Appliquez ce glacis uniformément sur la table.

5 Tirez la brosse en une seule direction.

6 Passez le tampon à faux bois pour commencer à faire le veinage. Tirez en baissant l'outil délicatement et en le faisant osciller. Réalisez plusieurs bandes espacées sans qu'elles se touchent.

7 Passez le peigne à denture large dans les parties situées entre les bandes de veinage qui viennent d'être réalisées.

8 Tout en continuant à travailler dans le même sens, atténuez l'effet avec une large brosse à sec.

9 Passez ensuite toute la surface au peigne à denture fine, toujours dans la même direction, pour donner du détail à l'effet. Répétez l'opération sur l'ensemble du panneau. Vernissez après séchage.

À DROITE : le hêtre est un bois clair beaucoup employé pour la fabrication du mobilier moderne. Il se marie bien avec les bandes murales. Bien que toutes les couleurs soient neutres dans cette pièce, elles ont un aspect varié et chaud. Choisissez des accessoires aux lignes épurées pour rehausser l'ambiance contemporaine de l'ensemble.

EMPLOI DES DIFFÉRENTS EFFETS

Acajou
Imitation de l'acajou plaqué ou massif utilisé en ébénisterie.

Acier
Imitation des métaux ferreux tels que le fer et l'acier, brossés ou polis.

Agate
Généralement, imitation de l'agate tranchée dans le fil des veines.

Ancien/époque
Imitation de l'ancien sur des menuiseries peintes ou nues.

Badigeon
Un effet classique sur les murs. Peut aussi convenir à du mobilier avec des mélanges de peinture, par exemple une peinture coquille d'œuf mélangée à 50 % d'essence de térébenthine.

Bambous
À n'employer que là où le bambou semble à sa place.

Bronze
Imitation du bronze poli ou patiné à l'antique.

Brossage à sec
Convient à de grands pans de murs, en particulier ceux qui présentent des imperfections. Utilisé pour imiter l'ancien sur du mobilier.

Chêne
Imitation du chêne sous ses deux formes classiques, claire et foncée.

Ciel
Convient aux plafonds et aux murs qui supportent naturellement cet effet de trompe-l'œil.

Cuir
À utiliser là où le cuir semblerait naturellement à sa place.

Cuivre
Imitation du cuivre dans sa présentation brillante.

Écaille de tortue
Convient à des petits objets qui auraient pu être en cette matière.

Motifs animaliers
Les motifs de peaux de zèbre, de vache et de girafe étant plutôt « violents », on ne les utilisera donc qu'avec parcimonie, en principe dans un décor uni.

Épongé
Se pratique principalement sur les murs, mais s'avère aussi efficace sur du mobilier.

Érable
Imitation de l'érable sous forme de loupe.

Étain
Imitation de l'étain dans sa présentation polie ou mate.

Faux plâtre
Convient à une finition murale.

Fer forgé
Imitation de ce matériau mat ou martelé.

Frottage
Convient à n'importe quelle surface, mais avec une peinture appropriée.

À GAUCHE : le peignage est très polyvalent ; il semble étonnamment convenir aux parquets, en particulier en utilisant des couleurs brillantes.

Grain du bois
Imitation du fil naturel du bois en décoration.

Granite
Imitation de cette pierre dure, sous forme de surface mouchetée.

Hêtre
Imitation de ce bois au grain serré et régulier.

Lapis-lazuli
Pour donner un aspect précieux à de petits objets.

Laquage
Uniquement sur du mobilier.

Lignage
Convient à n'importe quelle surface, à condition d'employer la bonne peinture, légèrement diluée afin qu'elle s'applique aisément.

Malachite
Imitation de cette pierre très colorée, particulièrement décorative.

Marbrure
Convient aux surfaces où elles seraient appropriées ; l'imitation du porphyre ne s'applique qu'à des surfaces planes.

Moucheté
De préférence sur une surface plate.

Natté
Convient aux murs ; c'est une version contrôlée du badigeon.

Noyer
Imitation d'un bois de pays de plus en plus rare.

Panneautage en trompe-l'œil
Convient aux murs. Nécessite un fort travail de mesure pour s'assurer que les panneaux sont parfaitement proportionnés et également espacés.

Peignage
Convient à diverses surfaces. Partie intégrale du grainage du bois.

Pierre de taille
Convient aux murs qui auraient pu être naturellement en pierre de taille.

Pin
Imitation de ce bois, au demeurant ordinaire et très répandu.

Pochage
Convient aux murs et au mobilier peints respectivement à base de peinture à l'eau et de peinture à l'huile.

Rouleau peau de mouton
(ou rouleau à longs poils)
S'emploie uniquement sur les murs, car l'effet demande de grandes surfaces plates. Il sert aussi à masquer les imperfections.

Tartan (tissu écossais)
S'emploie sur n'importe quelle surface, comme un panneau, ou sur une bordure, dans n'importe quelle largeur ou longueur.

Teinture sur bois
À appliquer uniquement sur bois nu.

Tirer la peinture
Action de tirer le film de peinture avec une brosse non chargée (ou très peu) de peinture.

Travail au chiffon
Se pratique en général sur les murs mais aussi sur du mobilier avec les peintures appropriées.

CI-DESSUS : préférez une large surface de mur pour le moucheté, afin d'éviter de salir les alentours.

Vernis craquelé
Médium qui convient au mobilier. Dans la plupart des cas, on l'utilisera avec une peinture acrylique. Plusieurs couches de vernis sont souvent nécessaires.

Vert-de-gris
Imitation de l'oxydation des objets qui se produit naturellement sur les éléments en cuivre.

Vieillissement
Imitation d'une peinture ancienne sur de la menuiserie avec des traces d'usure et des écailles de peinture. Convient à presque tous les bois.

GABARITS

Vous pouvez vous servir de ces patrons tels qu'ils sont ou les mettre à l'échelle à votre convenance. Agrandissez-les à la photocopieuse ou décalquez le dessin et dessinez par-dessus une grille formée de carrés identiques. Dessinez une grille sur une autre feuille de papier avec des carrés plus grands et copiez les contours du dessin original sur la seconde grille, carré par carré. Repassez sur les lignes pour qu'elles soient continues.

TULIPES PENNSYLVANIENNES

page 192

SALLE DE SÉJOUR SANTA-FE

page 200

SALON SCANDINAVE

page 164

CHAMBRE SCANDINAVE

page 174

POCHOIR

page 95

PORTE SCANDINAVE

page 172

FRISE CAMPAGNARDE

page 184

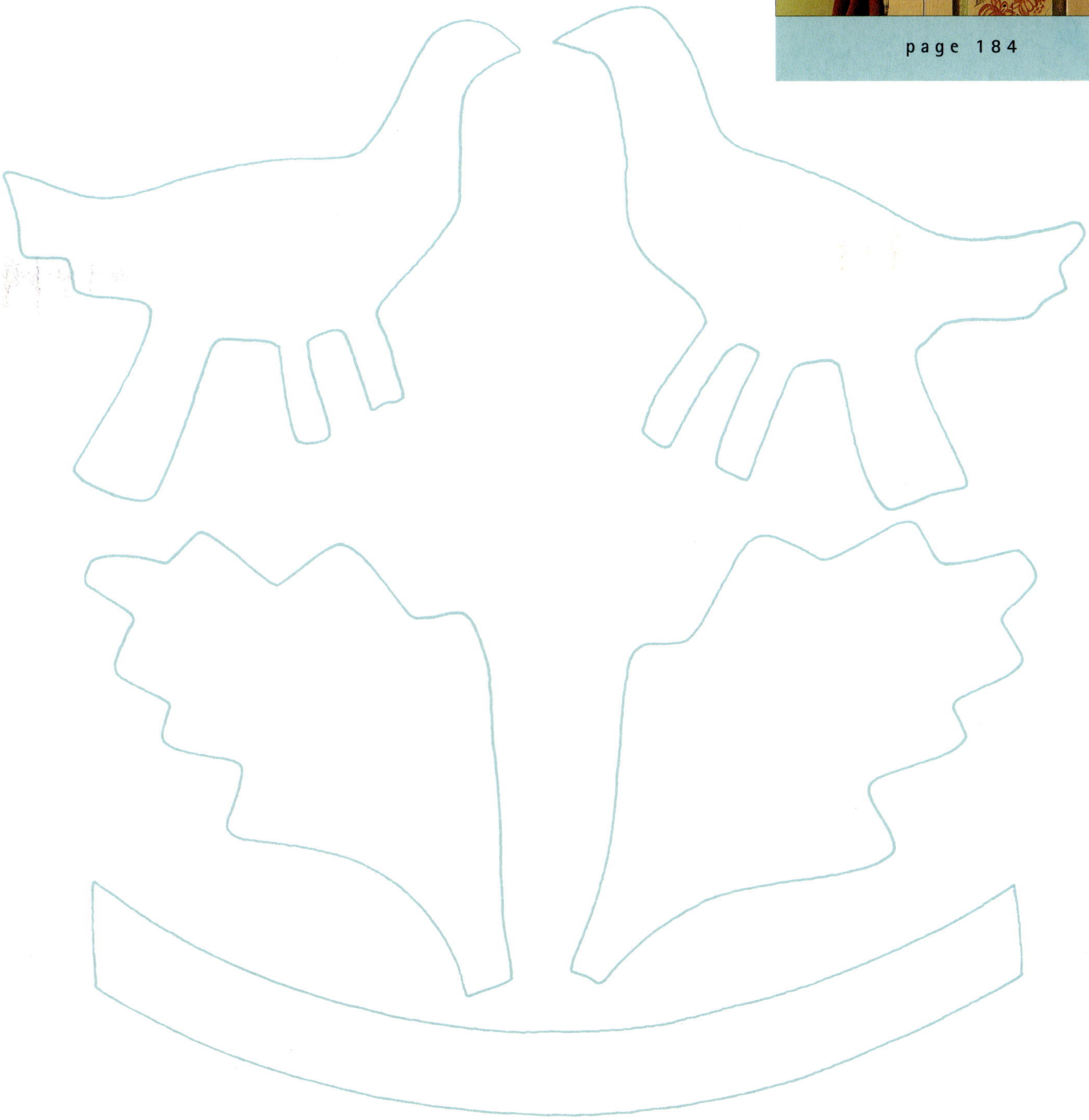

VESTIBULE RENAISSANCE

page 168

SALLE DE BAINS ÉTOILÉE

page 182

ENTRÉE MEXICAINE

page 196

TAMPON

page 97

INDEX

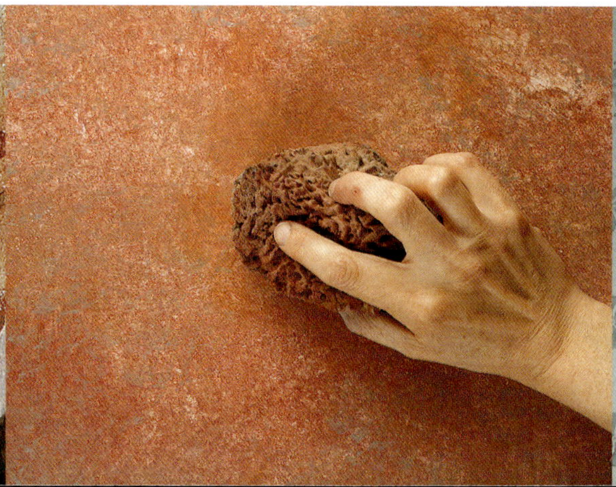

CRÉDITS PHOTOS
E.T Archive : p 6, 8, 9, 11

REMERCIEMENTS
L'Éditeur tient à remercier Foxell et James Ltd, 57 Farringdon Road, Londres, pour la fourniture des matériels ayant servi aux prises de vue.

ADRESSES UTILES
Vous pourrez trouver la plupart des matériels et des produits nécessaires aux différentes réalisations présentées dans ce livre aux adresses suivantes.

FRANCE
Beissier
Quartier de la Gare
77760 La Chapelle
Tél. : 01 60 39 61 10
FAccambray@dymat.dyckerhoff.de

BHV
52, rue de Rivoli
75004 Paris
Tél. : 01 43 20 68 53
www.bhv.fr

Boiro
69150 Décines
Tél. : 04 72 15 64 64

Chardonnel
13, quai Montebello
75005 Paris
Tél. : 01 43 54 23 46
www.lefranc-bourgeois.com

Creastore
www.creastore.com

Décopoche
6, route de Voisemon
Le petit-Jard
77240 Vert-Saint-Denis
Tél. : 01 64 52 48 51
www.decopoche.fr

Dulux-Valentine
Tour Objectif
92607 Asnières cedex
Tél. : 01 46 88 32 32
www.dulux valentine.com

Dupré Octante
39, rue d'Artois
75008 PARIS
Tél. : 01 45 61 50 71

Flamingo
rue Joseph Marie Jacquard
57400 Sarrebourg
Tél. : 03 87 25 74 20

Graphigro
207, bd Voltaire
75011 Paris
Tél. : 01 42 58 93 40
www.graphigro.com

HMB/BDA
8, rue de Prague
75012 Paris
Tél. : 01 43 43 17 49

Laverdure et Fils
58, rue Traversière
75012 Paris
www.laverdure.fr
laverdure@laverdure.fr

Les Décoratives
17770 Ecoyeux
Tél. : 05 46 95 48 00
www.lesdecoratives.com

Les Frères Nordin
215, rue du Faubourg-Saint-Antoine
75011 Paris
Tél. : 01 43 72 38 35

Les Murs Cirés
Éts Glenat-Poncet
53, Grande-Rue
38160 Saint-Marcelin
Tél. : 04 76 38 06 58
info@murs-cires.tm.fr
www.murs-cires.tm.fr

Libéron
BP1
31210 Domblans
Tél. : 03 84 85 29 60
www.v33.com

PRB
16, rue de la Tour
85150 La Mothe Achard
Tél. : 02 51 08 10 10
www.prb.fr

Produits d'Antan / PMSB
10, rue Saint-Bernard
75011 Paris
Tél. : 01 43 71 82 85
www.produits-dantan.com
info@produits-dantan.com

Rénov' et Tradition
63, rue de la Tombe-Issoire
75014 Paris
Tél. : 01 43 21 36 62

Rougier et Plé
13-15, bd des Filles-du-Calvaire
75003 Paris
Tél. : 01 43 71 81 00
www.rougieretple.com

Sénideco France
59, av. André Roussin
BP 67
13016 Marseille
Tél. : 04 95 06 14 14
www.senideco.com
service-commercial@senideco.com

Société des Ocres de France
impasse des Ocriers
84400 Apt
Tél. : 04 90 74 63 82
www.ocres-de-france.com

Socli
Siège Social et usine d'Izaourt
65370 Izaourt
Tél. : 05 62 99 33 80
N° vert : 0800 37 42 56
www.socli.fr

Tollens
(Lafarge Peintures)
71, bd du Gal Leclerc
92583 Clichy
Tél. : 01 41 27 63 57
www.tollens.com
daniele.kowalski@lms.lafarge.com

Zolpan
17, quai Joseph Gillet
69316 Lyon Cedex 04
Tél. : 04 72 10 70 60
www.zolpan.com

CANADA
Benjamin Moore
9393, rue Saint-Michel
Montréal
QC H1Z 3H3
Tél. : (514) 321-3330
Sans frais : 1 800 361-5898
Télécopie : (514) 321-7382
www.peinture-sur-mesure.qc.ca
psm@peinture-sur-mesure.qc.ca

3291, ch. Sainte-Foy
Sainte-Foy,
Québec - G1X 3V2
Tél. : (418) 650-3535
Télécopie : (418) 650-9168

Bétonel Ltée
8600, rue de l'Épée
Montréal QC H3N 2G6
Tél. : (514) 273-8855
Sans frais : 1888 BÉTONEL
Télécopie : (514) 273-7391
www.betonel.com
info@betonel.com

Peintures Crown Diamond
2505, rue de la Métropole
Longueuil
QC J4G 1E5
Sans frais : 1 800 463-7426
Télécopie : (514) 442-3990
www.peinturecrowndiamond.com
info@peinturecrowndiamond.com